하나님의
정원

서문

코로나 바이러스 판데믹으로 교회는 물론 사회의 모든 분야에 엄청난 변화의 쓰나미가 들이닥쳤습니다. '이 거대한 변화의 쓰나미에 떠밀려 갈 것인가? 아니면 힘이 들어도 돌파하여 새 길을 열어 갈 것인가?' 기도의 씨름을 하던 중에 큰 위기를 믿음으로 정면 돌파하여 새 길을 열어야만 한다는 절박한 마음을 갖게 되었습니다. 광야에 길을 찾는 심정으로 하나님의 말씀에서 답을 찾아보려고 노력하였습니다. 이때 그리스도의 몸된 교회의 지체들이 살길은 다시 초심으로 돌아가 복음을 전하는 삶을 회복하는 길 외에는 다른 길이 없음을 발견하게 되었습니다.

> 성전의 일을 하는 이들은 성전에서 나는 것을 먹으며 제단에서 섬기는 이들은 제단과 함께 나누는 것을 너희가 알지 못하느냐 이와 같이 주께서도 복음 전하는 자들이 복음으로 말미암아 살리라 명하셨느니라 고전 9:13-14

바울은 이방인들에게 복음을 전하는 자신을 복음의 제사장으로 이해했습니다.

> 이 은혜는 곧 나로 이방인을 위하여 그리스도 예수의 일꾼이 되어 하나님의 복음의 제사장 직분을 하게 하사 이방인을 제물로 드리는 것이 성령 안에서 거룩하게 되어 받으실 만하게 하려 하심이라 롬 15:16

고린도 교회의 성도 안에서 파당을 지어 다투며 복음의 제사장 바울의 리더십을 인정하지 않으려는 경향이 있었습니다. 더 나아가 바울의 선교 사역을 물질로 지원하지도 않았습니다. 그럼에도 주님은 복음의 제사장인 바울이 계속 이방인들에게 복음을 전할 수 있도록 새 길을 열어 주셨습니다. 고린도에서 천막을 만드는 브리스길라와 아굴라 부부를 만나게 하심으로 자비량 비지니스 선교(Tentmaker, Business As Mission)의 길을 열어 주셨습니다. 지속적으로 복음을 전하는 삶을 살면 때때로 길이 막히는 듯이 보여도 신실하신 하나님이 약속대로 살 수 있는 길을 열어 주십니다.

이런 과정을 통해 코로나 판데믹 기간 중 삶으로 복음을 전하는 복음의 제사장, 생활 선교사 훈련 코스를 마련하게 되었습니다. 이 책은 수년간의 생활 선교사 훈련 컨퍼런스 때 사용했던 교안의 순서를 따라 주일 강단에서 설교했던 내용들을 모아 편집한 것입니다. 책 전체를 관통하는 핵심 주제는 성도들의 마음이 하나님이 일하시는 밭(정원)이요 하나님이 거하시는 집이라는 사실입니다.

> 우리는 하나님의 동역자들이요 너희는 하나님의 밭이요 하나님의 집이니라 고전 3:9

복음의 제사장, 생활 선교사로 쓰임을 받기 전에 먼저 기도와 말씀으로 각자의 마음을 하나님의 정원으로 잘 가꾸는 것이 중요합니다. 마음을 하나님의 영이 거하시는 집으로 잘 건축하여 지키는 것이 필요합니다. 우리 각자의 마음이 하나님의 정원, 하나님의 집으로 잘 경작(건축)되어 지켜질 때 비로소 복음의 좋은 열매들을 맺기 시작할 것입니다.

2025년 7월 20일

박진석 목사 (생활 선교사 아카데미 원장)

Contents

서문	3
3대 비전 9대 전략 도식표	8
프롤로그 : 하나님의 정원	
1. 최초의 성전인 에덴 동산	12
2. 동산지기로 나타나신 부활의 주님	20

1 지상 명령

주님 안에 거할 때 일어나는 일	32
1. 생활 선교사	
추수 때 주인의 마음을 시원하게 하는 성도들	42
2. 생활 수도사	
마음의 수도원을 세웁시다	50
3. 생활 순교사	
왜 생활 순교사로 살아야 할까요?	58

2 킹덤 시티

거룩한 성 새 예루살렘의 정체성으로 삽시다   70

4. 킹덤 패밀리
기쁨으로 순종하는 킹덤 패밀리   78

5. 킹덤 비즈니스
말씀의 지혜로 일하는 킹덤 비즈니스맨   86

6. 킹덤 제너레이션
복음으로 낳아 킹덤 제너레이션으로 양육합시다   94

3 남은 자 공동체

이 땅의 그루터기 남은 자 공동체   106

7. 트웰브 마운틴
여호와의 전의 산이 산들의 꼭대기에 굳게 설 것입니다   114

8. 트웰브 프리스트
신령한 제사를 드리는 거룩한 제사장   122

9. 트웰브 캠프
그리스도 군대의 진영 안에 있는 배설물을 버려야 합니다   130

에필로그 : 하나님의 새 정원

1. 물 샘 열둘 종려나무 일흔 그루   140
2. 영원한 성전 새 에덴 동산의 회복   148

3 VISION
9 STRATEGY

3대 비전 9대 전략

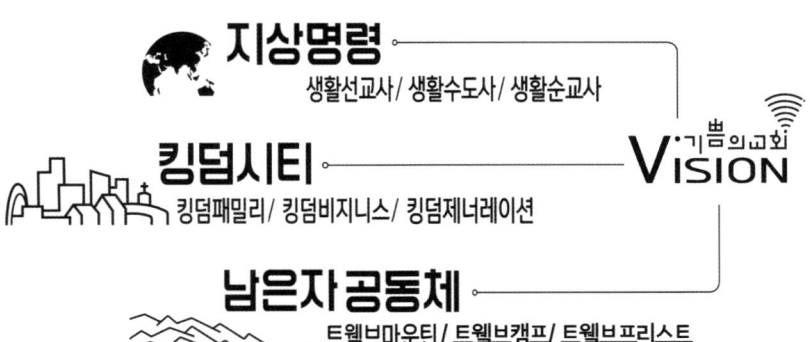

Prologue : 하나님의 정원

창세기　　2장 8-17절

8　여호와 하나님이 동방의 에덴에 동산을 창설하시고 그 지으신 사람을 거기 두시니라
9　여호와 하나님이 그 땅에서 보기에 아름답고 먹기에 좋은 나무가 나게 하시니 동산 가운데에는 생명 나무와 선악을 알게 하는 나무도 있더라
10　강이 에덴에서 흘러 나와 동산을 적시고 거기서부터 갈라져 네 근원이 되었으니
11　첫째의 이름은 비손이라 금이 있는 하윌라 온 땅을 둘렀으며
12　그 땅의 금은 순금이요 그 곳에는 베델리엄과 호마노도 있으며
13　둘째 강의 이름은 기혼이라 구스 온 땅을 둘렀고
14　셋째 강의 이름은 힛데겔이라 앗수르 동쪽으로 흘렀으며 넷째 강은 유브라데더라
15　여호와 하나님이 그 사람을 이끌어 에덴 동산에 두어 그것을 경작하며 지키게 하시고
16　여호와 하나님이 그 사람에게 명하여 이르시되 동산 각종 나무의 열매는 네가 임의로 먹되
17　선악을 알게 하는 나무의 열매는 먹지 말라 네가 먹는 날에는 반드시 죽으리라 하시니라

하나님의 정원 1

최초의 성전인 에덴 동산

　에덴 동산은 죄인 된 인생이 잃어버린 낙원입니다. 청교도 작가 존 밀턴은 나무에 달려 피 흘리신 어린 양의 가죽옷을 입고 천국가는 성도들의 순례길을 작품으로 남깁니다. 「실락원」과 「복락원」이 그것입니다. 우리는 지금 하나님의 정원에서 쫓겨나 광야 같은 이 세상에서 어린 양의 가죽옷을 입고 생명수의 강이 흐르는 새 에덴 동산으로 돌아가고 있습니다. 실락원했지만 주 예수 그리스도로 옷 입고 복락원을 하고 있는 중입니다. 오직 주님만이 아버지의 본향 집, 새 에덴 동산으로 가는 길이요 진리요 영생입니다. 이 땅에서 하나님의 자녀들이 해야 할 일은 마지막 아담이 되신 예수님을 본받아 자신의 마음 밭을 좋은 밭으로 경작하여 지키는 일입니다.

하늘에 숨겨진 안식처, 영원한 기쁨의 정원, 새 에덴 동산으로 돌아가게 하는 천국 복음의 씨가 먼저 유대인에게 뿌려집니다. 그리고 이스라엘 집 담장을 넘어 땅 끝까지 이방인들에게 복음의 씨가 뿌려지고 있습니다. 잘 익은 이방인 알곡 추수의 때가 차면 유대인 알곡들이 돌아와 부활의 복음을 믿어 함께 추수되어 주의 곳간에 들어가게 될 것입니다. 바울은 이 세상의 밭에서 쉬지 않고 일하시는 농부의 선교 방향을 깨닫고 감사와 찬양을 올립니다.

> 이는 만물이 주에게서 나오고 주로 말미암고 주에게로 돌아감이라 그에게 영광이 세세에 있을지어다 아멘 롬 11:36

이방인들에게 복음의 씨를 뿌리는 사명을 받은 유대인 바울은 주후 61년경 로마 감옥에 1차 투옥됩니다. 절망의 감옥에 갇혔지만 그의 마음과 생각은 갇히지 않았습니다. 기도와 말씀으로 하늘에 숨겨진 신령한 샘을 팠기에 그의 마음과 생각에는 성령의 샘물이 솟아나 흐르고 있었습니다. 십자가에 나타난 주님의 사랑에 취하여 마음 깊은 곳에서 샘물처럼 솟는 성령의 권능을 힘입어 담대하게 복음을 전하게 됩니다. 주후 35년경 영광의 주를 대면한 후 로마 감옥에 갇힐 때까지 약 25년간 말씀의 쟁기로 마음 밭을 경작하여 얻게 된 믿음의 부요함입니다. 이방인 알곡 추수 때가 차면 다시 오실 그리스도 안에서 유대인의 남은 알곡들을 추수하여 함께 주의 곳간에 들이려는 농부의 뜻을 더 선명하게 깨닫게 됩니다. 마음 깊은 곳에 하늘 샘이 솟아나 더 거침없이 복음의 씨를 뿌리게 됩니다.

> 하나님의 나라를 전파하여 주 예수 그리스도에 관한 모든 것을 담대하게 거침없이 가르치더라 행 28:31

창세기 2장에서 아담에게 기업으로 주신 에덴 동산에 숨은 하나님의 신비는 다음과 같습니다.

첫째, 에덴 동산은 하나님의 손으로 지은 최초의 성전입니다.

둘째, 에덴 동산은 왕 같은 제사장 아담에게 주신 기업입니다.

셋째, 에덴 동산은 영원한 영광의 성전이신 마지막 아담 예수 그리스도의 몸과 마음의 모형입니다. 이 임마누엘의 진리를 모세의 장막, 다윗의 장막, 솔로몬이 건축한 예루살렘 성전으로 알려주신 것입니다.

넷째, 성도들은 그리스도와 일심동체가 된 돕는 배필로 에덴동산을 경작하여 지키는 사명을 감당해야 합니다.

다섯째, 하나님의 말씀으로 그리스도를 닮은 좋은 마음 밭을 경작할 때 생명수 샘물이 솟아나 흐르는 마음 밭이 됩니다.

왕 같은 제사장 아담에게 하나님의 손으로 지은 성전을 기업으로 상속해 주신 후 이렇게 명했습니다.

> 여호와 하나님이 그 사람을 이끌어 에덴 동산에 두어 그것을 경작하며 지키게 하시고 창 2:15

에덴 동산을 경작하여 지킨다는 히브리어 원어의 뿌리는 아바드 샤마르입니다. 아바드 샤마르의 히브리어 어원의 뿌리는 민수기 3장 8절 등 성경 여러 곳에 사용되었습니다. 레위인 제사장들이 감당하는 성전을 짓고 경배드리는 일을 의미합니다.

> 곧 회막의 모든 기구를 맡아 지키며(샤마르) 이스라엘 자손의 직무를(아바드) 위하여 성막에서 시무할지니 민 3:8

요한복음 4장의 주님의 말씀에 따르면 생명 샘물이 솟아나는 마음 성전을 지어 진리의 성령과 진리의 말씀으로 참되게 예배 드리는 일을 말합니다.

사막과 광야와 같은 메마른 이 세상은 전능하신 하나님이 강을 내시고 길을 내시는 밭입니다. 농부는 이 세상의 밭에서 영원하신 하나님의 일곱 절기를 따라 주님을 닮은 알곡 영혼들을 추수하고 계십니다. 이 세상의 밭은 사람들 마음과 생명수의 강, 그리고 성령이 연결되어 작동됩니다. 말씀과 기도의 쟁기로 신령한 생명 샘물이 솟아 흐르는 좋은 마음 밭으로 아바드, 샤마르하면 반드시 풍성한 열매가 맺히게 됩니다. 수도사들은 묵은 밭을 경작하여 꽃 피고 열매 맺히는 기쁨의 정원으로 가꾸는 일을 마음 밭으로 가꾸는 경건의 훈련으로 생각했습니다. 남선교회 회원들이 어제 아침 겨울 동안 굳었던 땅을 경작하여 꽃과 작물들을 심었습니다. 각자의 마음 밭을 주님의 마음을 닮은 에덴 동산처럼 가꾼다고 생각하며 이 일을 기쁨으로 해보자고 축복했습니다.

약 2,800년 전 남유다 왕국의 양치기요 뽕나무를 기르는 농부 아모스는 마지막 추수 때 일어날 큰 기근에 대해 예언했습니다.

주 여호와의 말씀이니라 보라 날이 이를지라 내가 기근을 땅에 보내리니 양식이 없어 주림이 아니며 물이 없어 갈함이 아니요 여호와의 말씀을 듣지 못한 기갈이라 암 8:11

부지런히 말씀과 기도로 신령한 샘을 파서 많은 열매를 맺는 좋은 마음 밭을 경작하여 큰 기근의 때를 대비해야 할 때입니다. 믿음의 조상 아브라함, 이삭, 야곱은 모두 기근의 때에 신령한 샘을 파는 경건한 삶의 본을 보여주었습니다. 다시 오실 주 예수 그리스도의 모형인 화목의 산 제물이 된 요셉도 믿음의 조상들을 본받아 신령한 샘을 파는 경건한 삶을 살았습니다. 이를 통해 요셉은 칠 년 큰 기근의 때 원수 된 유대인과 이방인 알곡들을 추수하여 고센 땅 주의 곳간에 들일 수 있었습니다.

저를 포함한 목회자들의 정체성을 완전히 새롭게 혁신해야 될 때입니다. 목사이면서 동시에 복음의 생명수를 열방으로 흘려보내는 선교사로 생각을 혁신해야 합니다. 모든 성도님도 복음의 생명수를 열방으로 흘려보내는 축복의 수로가 되어야 하겠습니다. 광야와 사막과 같은 이 세상의 밭에 예수 부활의 복음이 생명수의 강물처럼 세차게 흘러가고 있습니다.

> 이는 만물이 주에게서 나오고 주로 말미암고 주에게로 돌아감이라 그에게 영광이 세세에 있을 지어다 아멘 롬 11:36

이 흐르는 성령의 생명수에 천국 복음의 떡을 던질 수 있기를 축원합니다.

요한복음 20장 11-18절

11 마리아는 무덤 밖에 서서 울고 있더니 울면서 구부려 무덤 안을 들여다보니
12 흰 옷 입은 두 천사가 예수의 시체 뉘었던 곳에 하나는 머리 편에, 하나는 발 편에 앉았더라
13 천사들이 이르되 여자여 어찌하여 우느냐 이르되 사람들이 내 주님을 옮겨다가 어디 두었는지 내가 알지 못함이니이다
14 이 말을 하고 뒤로 돌이켜 예수께서 서 계신 것을 보았으나 예수이신 줄은 알지 못하더라
15 예수께서 이르시되 여자여 어찌하여 울며 누구를 찾느냐 하시니 마리아는 그가 동산지기인 줄 알고 이르되 주여 당신이 옮겼거든 어디 두었는지 내게 이르소서 그리하면 내가 가져가리이다
16 예수께서 마리아야 하시거늘 마리아가 돌이켜 히브리 말로 랍오니 하니(이는 선생님이라는 말이라)
17 예수께서 이르시되 나를 붙들지 말라 내가 아직 아버지께로 올라가지 아니하였노라 너는 내 형제들에게 가서 이르되 내가 내 아버지 곧 너희 아버지, 내 하나님 곧 너희 하나님께로 올라간다 하라 하시니
18 막달라 마리아가 가서 제자들에게 내가 주를 보았다 하고 또 주께서 자기에게 이렇게 말씀하셨다 이르니라

하나님의 정원 2

동산지기로 나타나신 부활의 주님

　예수님은 유월절에 한 알의 거룩한 씨로 죽어 무교절에 무덤에 들어가 초실절에 부활의 첫 열매가 되십니다. 부활의 첫 열매가 되신 주님은 의심하는 제자들에게 40일 동안 천국의 비밀에 대해 보충 수업을 해 주십니다. 보충 수업을 다 마친 후 부활의 첫 열매, 가장 좋은 열매로 추수되어 천국 곳간에 들어갑니다. 이제 누구든지 주의 복음의 씨앗을 마음 밭에 심어 잘 가꾸는 자는 부활의 열매로 추수되어 하늘 에덴 동산에 길이 사는 길을 열어 주셨습니다. 어제 새벽기도 후에 교회 기쁨의 정원에 한참을 앉아 있었습니다. 겨우내 죽은 것 같았던 정원이 봄이 무르익자 생명으로 부활하여 새 싹이 나고 꽃이 폈습니다.

말씀의 씨앗을 마음에 심은 성도는 마음을 정원으로 가꾸는 정원사입니다. 잘 가꾼 성도들 마음의 정원은 삭막한 이 세상에서 에덴 동산을 맛볼 수 있는 천국 오아시스입니다. 기도와 말씀을 통해 잘 가꾼 마음은 주의 마음을 닮아가게 되어 있습니다. 일생 마음의 정원을 가꾸는 삶을 살았던 생활 수도사 클레르보의 『버나드 묵상집』의 글입니다 "씨 뿌림은 말씀 선포요, 뿌리내림은 믿음이요, 열매 맺음은 사랑이다."

유월절과 무교절에 한 알의 밀로 땅에 떨어져 죽으신 주님은 초실절 새벽에 부활의 첫 열매로 나타나셨습니다. 부활하신 주님의 최초의 목격자는 일곱 귀신이 들려서 고통을 받다가 주의 은혜로 구원을 받은 막달라 마리아였습니다. 주님이 죽자 모두 낙심하여 숨었는데 "은혜를 막달라 마리아" 집사님만은 시신을 수습하여 장례라도 치러 드리고자 무덤으로 달려갔습니다. 유월절 희생양으로 죽으신 주님의 장례는 죽었다가 살아난 나사로의 누이 마리아가 베다니 잔칫집에서 옥합을 깨고 향유를 부어 이미 치러 드렸습니다. 이제는 주님이 부활하셨기에 장례를 치를 필요가 없습니다. 막달라 마리아는 주의 시신이 있던 동굴 무덤에서 흰옷 입은 두 천사만 보게 됩니다. 주의 시신이 없어졌다는 슬픔에 천사를 보고 놀라지도 않습니다. 천사들과 대화하다 뒤돌아 보니 부활하신 주님이 계셨습니다. 그런데도 주님인 줄 몰랐습니다. 동산지기, 정원사인 줄 알았습니다. 부활하시기 전 보았던 주의 모습과 뭔가 달랐기 때문일 것입니다.

> 예수께서 이르시되 여자여 어찌하여 울며 누구를 찾느냐 하시니 마리아는 그가 동산지기(the gardener)인 줄 알고 이르되 주여 당신이 옮겼거든 어디 두었는지 내게 이르소서 그리하면 내가 가져가리이다 요 20:15

크리스찬 미술가들은 정원사로 나타난 부활의 주님을 이렇게 그렸습니다.

왜 부활의 주님은 새벽 미명을 뚫고 간절한 마음으로 무덤까지 찾아온 이 여인에게 동산지기로 나타난 것일까요? 부활하신 주님이 정원사로 나타나셔서 이런 말씀을 하고 계시는 것은 아닐까요? "누구든지 이 여인처럼 나를 간절히 찾는 자에게는 내가 정원사가 되어 그 마음을 에덴 동산처럼 가꾸어 줄 것이다. 나를 닮은 열매로 잘 가꾸어서 추수하여 죄와 사망이 없는 생명수의 강이 흐르는 새 에덴 동산에 길이 살게 할 것이다." 새 에덴 동산지기로 나타나신 부활하신 주님의 소원을 잘 담고 있는 이 찬송을 함께 불러 봅시다.

> 나 가난 복지 귀한 성에 들어 가려고 내 중한 죄짐 벗어 버렸네 죄 중에 다시 방황할 일 전혀 없으니 저 생명 시냇가에 살겠네 (후렴) 길이 살겠네 나 길이 살겠네 저 생명 시냇가에 살겠네 길이 살겠네 나 길이 살겠네 저 생명 시냇가에 **살겠네** 찬송가 246장

어떻게 부활하신 주님이 우리 안에 정원사로 거하면서 우리 마음을 천국 낙원으로 가꾸실 수 있을까요? 죽음을 이기고 부활하신 주님을 통해 아버지께서 보내신 그리스도의 영을 통해 성도들의 마음을 에덴 동산으로 일구어 주십니다. 첫 사람 아담은 자신의 마음을 에덴 동산으로 경작하여 지키는 동산지기 일에 실패했습니다. 그러나 마지막 아담 예수님은 죽음에서 부활하여 성령을 통해 성도들의 마음을 새 에덴 동산으로 가꾸고 계십니다. 할렐루야! 우리 마음을 에덴 동산으로 잘 가꾸기 원하시는 주님의 성령을 따라 살면 자주 이런 체험을 하게 될 것입니다.

> 보혜사 곧 아버지께서 내 이름으로 보내실 성령 그가 너희에게 모든 것을 가르치고 내가 너희에게 말한 모든 것을 생각나게 하리라 요 14:26

우리 마음의 정원사로 일하고 계시는 주의 성령께 집중하면 성경을 묵상할 때, 일을 할 때, 공부를 할 때 언제 어디서나 시공을 초월하여 말씀의 더 깊은 뜻을 깨닫게 되는 일을 자주 경험하게 됩니다. 상황에 합당한 말씀들이 생각나는 경험을 자주 하게 되는 거죠. 주의 성령이 그 성도의 마음 정원에서 정원사로 일하고 계신다는 증거입니다. 주의 마음을 닮은 좋은 마음 밭으로 경작이 될 때 30배, 60배, 100배의 좋은 열매를 풍성하게 추수하게 될 것입니다. 이 마음의 참 풍요를 빼앗기지 않고 잘 지킬 수 있을 때 세상의 밭에 복음의 씨를 기쁨으로 뿌리는 생활 선교사들이 될 것입니다.

1 지상 명령

주님 안에 거할 때
일어나는 일

3 남은 자 공동체

3 VISION
9 STRATEGY

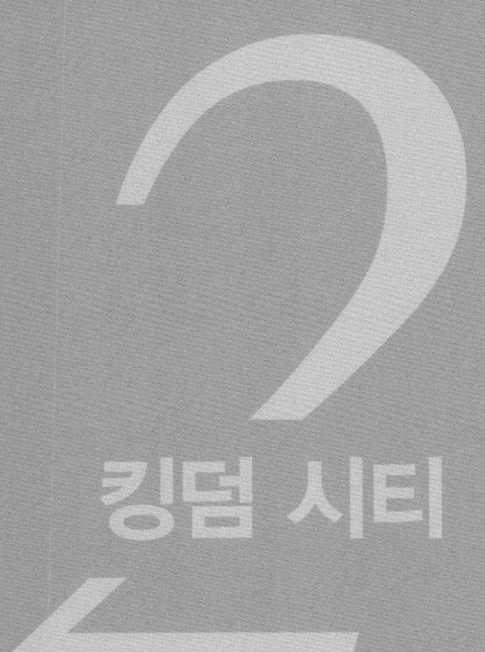

킹덤 시티

1. 생활 선교사
추수 때 주인의 마음을 시원하게 하는 성도들

2. 생활 수도사
마음의 수도원을 세웁시다

3. 생활 순교사
왜 생활 순교사로 살아야 할까요?

지상 명령

생활 선교사 생활 수도사 생활 순교사

　에덴 동산은 혼란, 공허, 어둠이 깊은 땅과 구별되는 하나님께서 건축하신 성전입니다. 이곳에는 하나님의 영이 깃들어 있고, 생명 샘물이 솟아나 흐르고 있습니다. 이 땅에 거하는 모든 사람이 반드시 돌아가야 할 하늘에 예비 된 영원한 안식처입니다. 이 안식처에 들어가기 위해서는 죄를 대신 속죄한 희생양의 피가 묻은 가죽옷을 입어야 합니다. 죄에 대해 죽고 부활하여 영원한 성전이 되신 예수님 안에 거할 때 몸과 영혼의 참된 안식을 얻을 수 있습니다.

　영원한 성전이신 예수님의 뜰만 밟아서는 지성소의 깊은 안식을 누릴 수 없습니다. 성소를 지나 화목제물의 피가 뿌려진 지성소, 은혜의 보좌까지 나아갈 때 하늘의 안식을 맛보게 됩니다. 자신의 몸을 희생제물로 드리신 어린 양이 앉아 계시는 하늘 성전 지성소의 보좌, 그 주님의 마음 가장 깊은 곳에 거할 때 풍성한 성령의 열매를 맺게 됩니다.

　십자가에 나타난 하나님의 사랑이 마음 판에 도장같이 새겨질 때, 풍성한 성령의 열매를 맺게 됩니다. 하늘에 계신 우리 아버지와 죽기까지 복종하신 독생자의 영광이 성령의 열매를 맺는 자녀들을 통해 나타나게 됩니다. 하늘 영광의 빛을 받은 빛의 자녀들이 아버지와 어린 양께 온전히 영광을 돌리는 삶을 살게 됩니다. 이들을 통해 성도들은 주님이 말씀하신 지상명령을 삶으로 수행하게 됩니다.

　복음 전파의 사명을 감당하기 위해 비같이 임하는 성령의 권능을 받은 생활 선교사들이 하나님의 소유가 된 백성으로서, 하나님의 상한 마음을 깨닫고 울며 씨를 뿌리러 나가게 됩니다. 또한 부지런한 농부처럼 기도와 말씀의 농기구로 마음 밭을 경작하고 잘 지키는 생활 수도사는 풍성한 열매를 맺는 준비 과정입니다. 부활의 첫 열매가 되신 주님처럼, 우리도 성령의 처음 익은 열매로 추수되도록 말씀과 성령 안에서 자아를 죽이는 생활 순교사로서 거듭나야 합니다.

요한복음   15장 1–10절

1 나는 참포도나무요 내 아버지는 농부라
2 무릇 내게 붙어 있어 열매를 맺지 아니하는 가지는 아버지께서 그것을 제거해 버리시고 무릇 열매를 맺는 가지는 더 열매를 맺게 하려 하여 그것을 깨끗하게 하시느니라
3 너희는 내가 일러준 말로 이미 깨끗하여졌으니
4 내 안에 거하라 나도 너희 안에 거하리라 가지가 포도나무에 붙어 있지 아니하면 스스로 열매를 맺을 수 없음 같이 너희도 내 안에 있지 아니하면 그러하리라
5 나는 포도나무요 너희는 가지라 그가 내 안에, 내가 그 안에 거하면 사람이 열매를 많이 맺나니 나를 떠나서는 너희가 아무 것도 할 수 없음이라
6 사람이 내 안에 거하지 아니하면 가지처럼 밖에 버려져 마르나니 사람들이 그것을 모아다가 불에 던져 사르느니라
7 너희가 내 안에 거하고 내 말이 너희 안에 거하면 무엇이든지 원하는 대로 구하라 그리하면 이루리라
8 너희가 열매를 많이 맺으면 내 아버지께서 영광을 받으실 것이요 너희는 내 제자가 되리라
9 아버지께서 나를 사랑하신 것 같이 나도 너희를 사랑하였으니 나의 사랑 안에 거하라
10 내가 아버지의 계명을 지켜 그의 사랑 안에 거하는 것 같이 너희도 내 계명을 지키면 내 사랑 안에 거하리라

VISION 1. 지상 명령

주님 안에 거할 때 일어나는 일

예수님께서 희생양으로 죽어 부활하신 후 우리의 마음 판에 새 언약의 복음을 성령으로 새겨 주셨습니다. 누구든지 십자가에서 대신 피 흘리신 메시야를 믿는 사람은 모든 죄를 사함 받고 새출발을 할 수 있다는 복된 소식을 주신 것입니다. 믿는 자들에게는 하나님의 의를 옷 입혀 정죄 당하지 않고 천국을 향해가는 새 삶을 살도록 영생의 길을 열어 주신 것입니다. 그러므로 하늘에 계신 의로우신 재판장의 입장에서 가장 큰 죄는 죄를 사해 주시기 위해 보내신 구세주를 영접하지 않는 죄입니다.

우리는 지금 광야 같은 세상에서 믿음으로 약속의 땅 천국 본향 집을 향해 죄와 싸우며 행군하는 중입니다. 우리의 구원은 이 세상의 시간을 초월하여 하늘의 본향 집에서는 이미 이루어져 있습니다. 그러나 이 땅의 시간으로는 우리의 구원을 세가지 단계로 나누어 이해하는 것이 필요합니다.

첫째, 과거적 의미의 구원입니다. 이스라엘이 유월절 어린 양의 피로 출애굽한 것과 같은 의미의 구원입니다. 십자가에서 피 흘리신 어린 양 예수를 믿음으로 우리는 이미 구원을 받았습니다.

둘째, 현재적 의미의 구원입니다. 출애굽한 성도들이 광야에서 말씀에 순종하는 훈련을 한 것처럼 우리에게도 순종의 훈련이 있습니다. 바울은 이 현재적 의미의 구원을 운동 선수가 매일 훈련을 하는 것과 같은 의미로 설명했습니다.

> … 항상 복종하여 두렵고 떨림으로 너희 구원을 이루라 빌 2:12

셋째, 미래적 의미의 구원입니다. 끝까지 믿음을 지키면 부활하신 주님처럼 구원의 완성, 즉 몸의 부활을 마침내 받게 됩니다.

요한복음 15장은 우리와 새 언약의 말씀으로 늘 동행하고 계시는 예수님 안에 거할 때 일어나는 일에 대해 설명합니다. 믿음으로 예수님께 붙은 가지가 되었어도 반드시 열매를 맺어야 함을 강조합니다.

> 무릇 내게 붙어 있어 열매를 맺지 아니하는 가지는 아버지께서 그것을 제거해 버리시고 무릇 열매를 맺는 가지는 더 열매를 맺게 하려 하여 그것을 깨끗하게 하시느니라 요 15:2

하나님 농부처럼 더 많은 열매를 맺게 하려고 그리스도와 한 몸이 된 가지들을 자세히 살펴보십시다. 포도나무에 믿음으로 붙어 있는 지체들이 열매를 맺지 못하면 그 가지를 제거해 버리실 것이라고 합니다. 열매를 맺지 못해 밖에 버려진 가지들은 따로 모아서 불에 던져 사를 것이라고 합니다. 세례 요한도 마태복음 3장에서 좋은 열매를 맺지 아니하는 나무마다 찍혀 불에 던져질 것이라 했습니다. 반대로 열매를 맺는 가지는 더 많은 열매를 맺도록 잔가지들을 깨끗하게 정리해 주실 것이라고 합니다. 성령의 능력과 축복이 농부의 뜻대로 선택된 남은 가지에 집중적으로 흘러가게 하여 더 많은 열매가 맺히게 하기 위함입니다. 주님과 한 몸이 된 가지들이 열매를 많이 맺는 비밀은 아주 심플합니다.

> 나는 포도나무요 너희는 가지라 그가 내 안에, 내가 그 안에 거하면 사람이 열매를 많이 맺나니 나를 떠나서는 너희가 아무것도 할 수 없음이라 요 15:5

사람은 가깝게 지내는 것의 영향을 받습니다. 누구를 가까이하고 누구의 말을 듣느냐에 따라 인생이 완전히 달라집니다. 현대인들이 가장 가깝게 지내는 존재는 핸드폰입니다. 핸드폰을 통해 자주 보고 듣는 것에 따라 인공지능이 자동으로 알고리즘을 만들어 줍니다. 드라마를 즐겨 보는 사람은 드라마 중심의 알고리즘을 만듭니다. 정치 뉴스를 자주 보면 정치를 중심으로 알고리즘이 나도 모르게 정렬되어 있습니다. 사용자의 성향에 맞는 열매를 맺도록 인공지능이 선택과 집중을 한 결과입니다.

하나님은 우리가 주의 말씀에 집중할 때 더 많은 성령의 열매를 맺도록 우리 인생의 알고리즘을 새롭게 정렬시켜 주십니다. 우리가 주안에 거함으로 열매를 맺고 있다는 확실한 증거는 무엇일까요?

> 너희가 내 안에 거하고 내 말이 너희 안에 거하면 무엇이든지 원하는 대로 구하라 그리하면 이루리라 요 15:7

첫째, 주의 말씀이 우리 마음에서 자주 떠오른다면 주님 안에 거하고 있다고 할 수 있습니다. 이때 우리 안에 아침 햇살처럼 떠오르는 말씀은 단순한 정보가 아닙니다. 성령을 통해 주시는 주님의 말씀입니다. 말씀과 기도로 늘 주님을 가까이하면 신령한 알고리즘이 형성되어 성령을 통해 주시는 말씀이 자주 생각나게 됩니다. 어떤 상황에 직면했을 때 거기에 적합한 말씀이 떠오르는 체험을 자주 한다면 주님 안에 거하고 있는 증거라 할 수 있습니다.

> 여호와의 친밀하심이 그를 경외하는 자들에게 있음이여 그의 언약을 그들에게 보이시리로다 시 25:14

둘째, 우리의 마음 안에서 주님께서 성령을 통해 말씀하시는 일이 많아지면 기도 응답이 더 풍성해집니다. 기도한다고 하지만 나의 소원과 뜻이 앞서는 경우가 많지요. 특히 고난과 어려움을 당할 때 무조건 이 문제를 빨리 해결해 주시기를 기도할 때가 많습니다. 내 생각대로 응답이 안되면 고통하고 힘들어 하지요. 그러나 때로는 기도하는 중에 성령께서 우리의 생각과 다른 말씀을 하실 때가 있습니다. 예를 들면 바울은 사역에 방해가 된다고 생각한 육체의 가시를 뽑아 달라고 세 번이나 기도했습니다. 주신 계시가 너무 커서 자만하지 않도록 가시를 그냥 둔 것이니 생각을 바꾸도록 응답을 하십니다.

> 나에게 이르시기를 내 은혜가 네게 족하도다 이는 내 능력이 약한데서 온전하여짐이라 하신지라 그러므로 도리어 크게 기뻐함으로 나의 여러 약한 것들에 대하여 자랑하리니 …
> 고후 12:9

성령으로 주신 이 말씀에 생각을 복종시켜 다시 기도했을 때 가시의 고통을 넉넉히 이길 만한 큰 기쁨을 응답으로 받게 됩니다. 또 사도들은 복음을 전하는 과정에서 여러가지 시험을 당하면서 주님의 말씀에 자아를 복종시켜 온전히 기쁘게 여길 수 있는 믿음의 분량까지 성장하게 되었습니다.

주의 말씀이 늘 우리 안에 거하면 주님과 우리 마음이 점점 더 하나가 되는 방향으로 신령한 알고리즘이 만들어져 기도 응답이 훨씬 더 풍성해집니다. 늘 주님의 말씀 안에 거했던 코리 텐붐 여사는 기도에 대해 이런 말을 했습니다. "하나님은 우리가 기도하지 않아도 우리의 필요를 아신다. 그러나 기도를 통하여 우리의 마음이 하나님의 뜻에 맞추어진다." 주님 안에 거하는 기도는 하나님께 내 소원을 아뢰는 것이라기보다는 하나님의 뜻에 나의 마음이 정렬되는 것입니다. 주의 말씀이 우리 안에 풍성히 거하게 되면 기도의 우선 순위, 방향, 내용이 점점 달라지게 됩니다. 주의 나라와 주의 뜻을 먼저 구하게 됩니다.

사도 요한은 포도나무와 가지의 비유를 통해 열매 맺는 신앙 생활에 대한 가르침을 청년의 때 주님께 직접 들었습니다. 이 때로부터 약 60년이 지난 8,90대의 사도는 계속 주님 안에 거하는 삶을 살아감으로 풍성한 기도 응답의 열매를 누렸습니다. 그래서 확신에 찬 어조로 주의 말씀 안에 거하는 기도 생활의 큰 능력에 대해 자랑합니다.

> 그를 향하여 우리가 가진 바 담대함이 이것이니 그의 뜻대로 무엇을 구하면 들으심이라 우리가 무엇이든지 구하는 바를 들으시는 줄을 안즉 우리가 그에게 구한 그것을 얻은 줄을 또한 아느니라 요일 5:14-15

늘 주의 말씀 안에 거함으로 무엇이든지 구하면 응답을 받는 풍성한 신앙 생활의 열매를 누릴 수 있기를 축원합니다. 천국 복음을 땅 끝까지 전파하라는 주님의 지상명령을 따라 구하면, 하나님께서 듣고 풍성하게 응답하신다는 사실을 기억하시기 바랍니다.

시편　　126편 1-6절

1　여호와께서 시온의 포로를 돌려 보내실 때에 우리는 꿈꾸는 것 같았도다
2　그 때에 우리 입에는 웃음이 가득하고 우리 혀에는 찬양이 찼었도다 그 때에 뭇 나라 가운데에서 말하기를 여호와께서 그들을 위하여 큰 일을 행하셨다 하였도다
3　여호와께서 우리를 위하여 큰 일을 행하셨으니 우리는 기쁘도다
4　여호와여 우리의 포로를 남방 시내들 같이 돌려 보내소서
5　눈물을 흘리며 씨를 뿌리는 자는 기쁨으로 거두리로다
6　울며 씨를 뿌리러 나가는 자는 반드시 기쁨으로 그 곡식 단을 가지고 돌아오리로다

1. 생활 선교사

추수 때 주인의 마음을 시원하게 하는 성도들

　이태리의 유명 작곡가 베르디의 오페라 〈나부코〉에 "히브리 노예들의 합창"곡이 나옵니다. 나부코는 제사장 나라 남유다 왕국을 향한 심판의 몽둥이로 사용된 바벨론 제국 느부갓네살 황제의 이태리식 이름입니다. 율법을 가르쳐야 할 사명을 망각한 남유다는 느부갓네살의 군대에 의해 멸망합니다. 바벨론 강변에 앉아 조국을 생각하며 눈물을 흘렸을 히브리 노예들의 기도인 시편 137편에서 영감을 받아 나부코가 작곡되었습니다. 예레미야서 25장은 하늘의 왕이 정한 바벨론 포로 칠십 년이 차면 히브리 노예들을 예루살렘으로 돌아가게 하실 것을 예언합니다. 칠십 년이 차면 제사장 나라를 징계하는 큰 몽둥이로 바벨론을 벌하여 영원히 폐허가 되게 하실 것도 예언합니다.

　다니엘은 바벨론 포로로 잡혀가 고위 관료로 일한 지 칠십 년이 차갈 때 바벨론이 메대에 의해 멸망 당하는 사건의 증인이 됩니다. 다니엘서 9장은 다니엘이 세계사의 격변기에 예레미야서 25장의 바벨론 포로 칠십 년의 뜻을 깨닫게 되었음을 설명합니다. 칠십 년 만에 돌아와 성전을 재건하고 제사 드리는 사건이 유대인만의 사건이 아님을 깨달았습니다. 오실 메시야를 통한 유대인과 이방인 구원의 시간표를 깨닫게 됩니다. 다니엘서 9장 20-27절까지가 천사장 가브리엘을 통해 알려주신 칠십 이레 구원의 시간표입니다. 이미 육십구 이레는 기름 부음을 받은 자 메시야의 죽으심과 부활을 통해 지나갔습니다. 이제 다시 오실 메시야를 통해 이스라엘의 남은 자를 구원하여 추수를 마무리하는 한 이레 예언의 성취를 남겨두고 있습니다. 이방인 알곡 영혼 추수가 마무리 되어가면 이스라엘의 남은 알곡을 추수하기 위한 한 이레의 예언이 응하게 될 것입니다.

　　　그가 장차 많은 사람들과 더불어 한 이레 동안의 언약을 굳게 맺고 그가 그 이레의 절반에 제사와 예물을 금지할 것이며 또 포악하여 가증한 것이 날개를 의지하여 설 것이며 또 이미 정한 종말까지 진노가 황폐하게 하는 자에게 쏟아지리라 하였느니라 하니라 단 9:27

주님도 마태복음 24장 15절, 마가복음 13장 14절에서 자신이 다시 올 때 다니엘서 9장 27절 예언대로 한 이레의 절반에 이런 일이 일어날 것을 말씀하셨습니다. 요한계시록 16장은 한 이레의 절반, 후 삼 년 반에 하나님의 진노를 담은 일곱 대접이 땅에 쏟아지는 모습을 보여줍니다.

성경대로 세상 역사가 이스라엘을 중심으로 빠르게 전개되고 있습니다. 역대 미국 대통령들은 친이스라엘 정책을 펼쳐왔습니다. 세계 경제를 쥐고 있는 소수의 유대인 엘리트들의 막강한 영향력 때문입니다. 트럼프 대통령은 어떤 대통령보다 더 친이스라엘 정책을 펼치고 있습니다.

특히 그가 임명한 마르코 루비오 국방 장관은 이스라엘의 2,000년 숙원 사업인 예루살렘 성전을 세우는 일에 적극 협력할 것을 약속했습니다.

물론 이 일이 트럼프 대통령 임기 내에 일어나지는 않을 것으로 봅니다. 더 긴 시간이 걸릴 것이라고 예상합니다. 장차 다니엘을 통해 말씀하신 대로 칠 년 평화 조약이 맺어지고 예루살렘에 성전이 세워진다면 이는 한 이레의 시작을 알리는 사인이 될 것입니다. 이 세상, 특히 이스라엘의 정세를 말씀의 안경을 끼고 살펴보면 빠르게 예언이 성취되고 있음을 실감합니다. 대한민국에서 숨 가쁘게 진행되었던 계엄령, 대통령 탄핵, 조기 대선, 좌우 대립도 하나님의 구원역사 속에서 바라보아야 합니다. 좌우지간 지금은 비같이 임하는 성령의 권능을 힘입어 복음의 씨를 뿌리는 일에 더 열심을 내야 할 때입니다.

시편 126편은 바벨론 포로 칠십 년 만에 조국 예루살렘으로 돌아와 성전에서 경배드릴 때의 감격을 찬양한 시입니다. 무너진 예루살렘 성전과 성벽을 재건하는 일은 쉽지 않았습니다. 칠십 년 동안 버려진 땅은 황폐한 사막같이 변해 버렸습니다. 또

늘 틈을 노리고 공격하려는 요단강 동편의 에돔, 암몬, 모압의 방해가 있었습니다. 이 힘든 상황 속에서 성전을 지키며 밭을 경작하여 씨를 뿌려 새 삶을 개척해야 했습니다. 1차 포로 귀환의 지도자인 스룹바벨 총독과 대제사장 여호수아가 학개와 스가랴의 말씀에 힘을 얻어 드디어 성전을 재건합니다. 대제사장 아론의 16대손 에스라가 2차로 귀환하여 모세의 율법대로 성전 제사의 맥을 잇습니다. 3차 포로 귀환의 지도자 느헤미야 총독에 의해 성전을 지키기 위한 예루살렘 성벽이 재건됩니다. 방해가 아무리 많아도 뜻이 하늘에서 이루어진 것처럼 순종하는 성도들의 믿음을 통해 결국 땅에서도 이루어짐을 보여주는 증거입니다.

바벨론 노예로 살다가 약속하신 땅에 돌아와 성전에서 경배드리던 성도들의 심정이 어떠했을까요? 신병 훈련 한달 만에 예배를 드릴 때 저를 포함해 훈련병 대부분이 엉엉 울었던 기억이 생생합니다. 포로에서 돌아온 유대인들이 다시 세운 성전에서 하나님께 경배드릴 때 큰 감격이 있었습니다. 그러나 성전 바깥에서 황폐한 땅을 기경하며 씨를 뿌릴 때는 눈물이 났을 것입니다. 그럼에도 기쁨으로 곡식 단을 거둘 소망을 품고 씨를 뿌렸을 것입니다.

> 눈물을 흘리며 씨를 뿌리는 자는 기쁨으로 거두리로다 울며 씨를 뿌리러 나가는 자는 반드시 기쁨으로 그 곡식 단을 가지고 돌아오리로라 시 126:5-6

주님은 세상의 밭에서 죄를 사해주시는 복음의 씨앗을 품고 성장한 잘 익은 성도들을 추수하고 계십니다. 지금은 오순절 성령 강림 이후 여름 4개월의 막바지에 해당합니다. 여름 4개월 이방인의 충만한 수가 구원을 받으면 한 이레의 때 이스라엘의 남은 알곡 추수를 위한 가을 절기가 시작될 것입니다. 추수를 마무리하기 위해 주님이 재림하실 때의 일을 알려주는 가을 절기는 나팔절, 대속죄절, 초막절입니다. 가을 농사 주 작물은 포도와 올리브 열매입니다. 추수 때는 세상 끝 날입니다.

가을 절기의 때 이방인과 이스라엘의 알곡 추수를 마무리하기 위해 세상의 밭이 타작마당이 될 것입니다. 타작마당에서 추수한 보리와 밀 이삭을 타작하여 알곡과 쭉정이를 가려낼 것입니다. 알곡은 모아 곳간에 들이고 쭉정이는 모아 불에 던져 사를 것입니다. 여름 동안 추수한 밀과 보리를 타작할 때 가을에 추수한 포도 열매는 틀에 넣고 밟아 포도주로 만들어 보관합니다. 올리브 열매도 절구에 넣고 찧어 기름을 짜서 보관합니다. 여호와의 일곱 절기 어느 때든지 관계없이 눈물을 흘리며 복음의 씨를 뿌리는 성도들은 반드시 기쁨으로 그 곡식 단을 가지고 돌아오게 될 것입니다. 무엇이든지 심은대로 거두게 될 것이기 때문입니다.

> 자기의 육체를 위하여 심는 자(씨를 뿌리는 자)는 육체로부터 썩어질 것을 거두고 성령을 위하여 심는 자(씨를 뿌리는 자)는 성령으로부터 영생을 거두리라 갈 6:8

우리는 지금 큰 성 바벨론 같은 이 세상에서 광야에 길을 내시는 주의 인도하심을 따라 새 예루살렘성으로 돌아가고 있습니다. 말씀으로 때를 잘 분별하여 세월을 아껴 추수 때 주인의 마음을 시원하게 하는 얼음 냉수 같은 일꾼들이 다 될 수 있기를 축원합니다.

> 충성된 사자는 그를 보낸 이에게 마치 추수하는 날(harvest time)에 얼음 냉수 같아서 그 주인의 마음을 시원하게 하느니라 잠 25:13

마태복음 13장 18-23절

18 그런즉 씨 뿌리는 비유를 들으라
19 아무나 천국 말씀을 듣고 깨닫지 못할 때는 악한 자가 와서 그 마음에 뿌려진 것을 빼앗나니 이는 곧 길 가에 뿌려진 자요
20 돌밭에 뿌려졌다는 것은 말씀을 듣고 즉시 기쁨으로 받되
21 그 속에 뿌리가 없어 잠시 견디다가 말씀으로 말미암아 환난이나 박해가 일어날 때에는 곧 넘어지는 자요
22 가시떨기에 뿌려졌다는 것은 말씀을 들으나 세상의 염려와 재물의 유혹에 말씀이 막혀 결실하지 못하는 자요
23 좋은 땅에 뿌려졌다는 것은 말씀을 듣고 깨닫는 자니 결실하여 어떤 것은 백 배, 어떤 것은 육십 배, 어떤 것은 삼십 배가 되느니라 하시더라
24 예수께서 그들 앞에 또 비유를 들어 이르시되 천국은 좋은 씨를 제 밭에 뿌린 사람과 같으니
25 사람들이 잘 때에 그 원수가 와서 곡식 가운데 가라지를 덧뿌리고 갔더니
26 싹이 나고 결실할 때에 가라지도 보이거늘
27 집 주인의 종들이 와서 말하되 주여 밭에 좋은 씨를 뿌리지 아니하였나이까 그런데 가라지가 어디서 생겼나이까
28 주인이 이르되 원수가 이렇게 하였구나 종들이 말하되 그러면 우리가 가서 이것을 뽑기를 원하시나이까

2. 생활 수도사

마음의 수도원을 세웁시다

어느 시대나 가장 교묘한 형태의 우상숭배는 하나님과 재물을 겸하여 섬기는 믿음입니다. 하나님과 이 세상 번영신, 바알을 겸하여 섬겼던 구약 성도들의 결말은 어떠했던가요? 돈궤와 언약궤를 겸하여 섬겼던 가룟 유다의 마지막은 어떠했던가요? 요동치는 바다 물결 같은 세상을 바라보면 뱃멀미가 날 정도입니다. 프랑스의 경건한 철학자 파스칼이 한 말입니다. "인간의 모든 문제는 조용한 방에 혼자 앉아 있을 수 없는 마음의 분주함에서 비롯된다." 세상이 바다 물결같이 요동치는 이런 때야 말로 주님께 집중할 수 있는 마음의 수도원을 세울 때입니다.

교회의 역사는 박해와 유혹의 때로 나뉩니다. 어느 때든지 이 세상 우상신에게 무릎 꿇지 않은 남은 자들은 하나님께 집중하는 수도사적인 삶을 추구했습니다. 이집트 나일강 부근 사막 지대는 기도와 말씀의 쟁기로 마음 밭을 경작하는 일에 집중했던 수도사들의 핫 플레이스였습니다. 아바 마카리우스가 주후 330년경 나일강 근처 스케티스 사막 지대에 수도원 공동체를 세웁니다. 스케티스는 5세기경에는 5,000명 이상의 생활 수도사들이 사는 도시로 성장합니다.

평일에는 각자의 처소에서 농사를 짓고 물건을 만들며 살았습니다. 주일이나 특별한 날에는 함께 모여 예배와 성찬과 기도를 드렸습니다. 초기 기독교 영성과 신학의 심장부요, 영적인 오아시스 역할을 했습니다. 이들 마음 밭을 일구는 농사일에 열심을 내었던 생활 수도사들 이야기가 『사막 교부들의 어록』으로 지금도 전해지고 있습니다. 그중 한 대화를 살펴봅시다. 한 제자가 스승을 찾아와 묻습니다. "왜 저는 열심히 기도하는데도 죄책감이 들까요?" 스승이 대답합니다. "하나님께 가까이 가는 자는 자기 죄가 더 크고 선명하게 보이는 법이지. 그럼에도 매일 말씀의 쟁기로 마음 밭을 갈다 보면 결국 말씀이 깊이 뿌리를 내리게 된다네."

　마태복음 13장의 농사 비유에 대한 주님의 해석은 성경 전체의 농사 비유를 해석하는 열쇠가 됩니다. 예수님은 농사 비유에서 자신을 좋은 씨를 뿌리는 농부로 비유했습니다. 좋은 씨는 영생을 주시는 주님의 말씀입니다. 나쁜 씨, 가라지는 마귀가 주는 미혹의 말입니다. 이 세상을 사는 사람들의 마음은 말씀의 씨가 뿌려지는 밭입니다. 추수 때는 주님이 다시 오셔서 옛 세상을 끝내고 새 세상을 시작하는 때입니다. 추수 때, 주님이 다시 오시는 세상 끝에는 잘 익은 알곡인지 가라지인지 다 드러나게 됩니다. 그때까지는 함께 자라도록 내버려 두십니다.
　모세를 통해 주신 율법은 하나님의 백성들에게 일년에 세 절기, 즉 무교절, 칠칠절(오순절), 초막절을 반드시 지키라고 명했습니다. 모두 이스라엘의 한 해 농사와 관련이 있는 절기입니다. 무교절은 보리 추수, 칠칠절(오순절)은 밀추수, 초막절은 과일, 포도와 올리브의 추수와 관련이 있습니다. 무교절, 칠칠절, 초막절을 지키라는 말씀은 좋은 열매를 맺어 반드시 천국 곳간에 들어가야 함을 한 해 농사를 결산할 때마다 늘 명심하라는 의미입니다.

예수님 시대에는 밭을 돌담이나 울타리로 명확하게 구획을 정하지 않은 채 농사를 지었습니다. 여러 사람들이 펼쳐진 밭들 사이로 난 길, 우리로 하면 논두렁 길로 다니면서 농사를 지었습니다. 먼저 씨를 흩어 뿌린 후에 쟁기나 곡괭이로 밭을 갈아 엎었다고 합니다. 그렇게 해야 씨가 땅에 잘 박혀서 우기 때 비를 흠뻑 맞아 잘 자라게 된다고 합니다. 그래서 씨만 뿌려 놓고 게으름을 피우는 농부들의 밭은 자연히 열매를 맺지 못하는 길가, 돌밭, 가시떨기가 되었던 것입니다. 이스라엘의 농부들은 보리와 밀의 씨뿌리는 일을 우기인 겨울 10월에서 12월에 합니다. 본격적으로 비가 내리기 전 이른 비가 내려 땅이 촉촉한 카스테라처럼 되었을 때 씨를 뿌리고 밭갈이를 합니다. 성경의 이른 비는 말씀의 씨가 성도들 마음 밭에 잘 뿌리내리도록 돕는 성령의 돕는 은혜를 의미합니다. 늦은 비는 추수하기 전 알곡들이 더 충실하게 잘 익도록 내리는 비입니다. 추수 때를 앞두고는 늦은 비 성령의 은혜를 구해야 합니다. 이 이른 비의 타이밍에 씨를 뿌리고 부지런히 밭을 갈아야 합니다. 때를 놓치면 한 해 농사를 망칩니다. 이른 비가 내릴 때 씨를 뿌리고 땅을 경작하고 나면 겨울 우기에 한 해 70프로 정도의 복된 장맛비가 내립니다. 이 복된 장맛비를 흠뻑 맞은 곡식들이 땅을 뚫고 싹이 나고 이삭으로 자라 알곡으로 영글게 되는 것입니다. 맥추절,

오순절 이후는 3월부터 6월까지는 여름 건기에 해당합니다. 비가 거의 오지 않고 매우 건조합니다. 이 여름 시기에 곡식을 추수했다가 7월경 타작마당이 된 밭에서 알곡과 쭉정이를 가려냅니다. 나팔절, 속죄절, 초막절 절기에 해당하는 7월 한 해 마무리 때 추수한 포도와 올리브를 포도주와 기름으로 만듭니다. 추수 때를 상상으로 그려보면 이럴 것입니다. 농부들은 밀과 보리를 타작마당이 된 밭에서 타작합니다. 그 곁에는 포도는 틀에 넣어 밟고 올리브는 절구에 넣고 찧어 포도주와 기름을 만들고 있습니다. 추수를 다 마친 후 농부는 보리와 밀, 포도주와 기름을 곳간에 들입니다.

말씀의 씨를 머금은 마음 밭을 평소에 갈아 엎고 뒤집는 수고를 하면 성령의 복된 장맛비가 내릴 때 잘 자라 결실하게 됩니다. 말씀을 잘 듣고 깨닫고 지키는 마음이 결실하는 좋은 마음 밭입니다. 베드로 사도는 좋은 마음 밭을 경작하여 풍성하게 성령의 열매를 맺게 된 성도의 행복을 이렇게 묘사했습니다.

> 예수를 너희가 보지 못하였으나 사랑하는도다 이제도 보지 못하나 믿고 말할 수 없는 영광스러운 즐거움으로 기뻐하니
>
> 벧전 1:8

좋은 밭을 경작한 농부는 평균적인 수확량을 훨씬 뛰어넘는 30배, 60배, 100배의 기적 같은 결실을 거두게 됩니다. 창세기 26장의 이삭도 큰 흉년의 때 말씀 씨를 마음 밭에 잘 간직하고 기경하여 백배의 결실을 체험했습니다. 좋은 마음 밭은 저절로 만들어지는 것이 아닙니다. 말씀과 기도로 오랜 시간 마음의 수도원을 짓듯이 눈물과 땀을 흘리는 수고가 따릅니다. 딱딱하게 굳은 길가와 같은 마음 밭, 핍박과 시험에 쉽게 넘어져서 말씀이 깊이 뿌리내릴 수 없는 돌밭, 세상 근심과 물질의 유혹이 가득한 가시덤불 같은 마음 밭을 그냥 방치하지 마세요. 말씀의 씨는 계속 뿌려지고 있습니다. 그러나 반드시 믿음의 농사를 결산할 때가 있습니다. 이 세상이 전부라고 생각하는 사람들은 자기 육체만을 위하여 심는 일에 올인합니다. 그러나 성경이 수없이 반복하여 증거하는 대로 진실로 영생 부활이 있다면 무엇을 위해 더 많이 심고 수고하는 것이 지혜로운 삶일까요? 주님께서 우리 각자의 마음에 수도원을 세우라고 말씀하십니다.

> 자기의 육체를 위하여 심는 자는 육체로 부터 썩어질 것을 거두고 성령을 위하여 심는 자는 성령으로 부터 영생을 거두리라 우리가 선을 행하되 낙심하지 말지니 때가 이르매 거두리라 갈 6:8-9

요한복음 12장 23-33절

23 예수께서 대답하여 이르시되 인자가 영광을 얻을 때가 왔도다
24 내가 진실로 진실로 너희에게 이르노니 한 알의 밀이 땅에 떨어져 죽지 아니하면 한 알 그대로 있고 죽으면 많은 열매를 맺느니라
25 자기의 생명을 사랑하는 자는 잃어버릴 것이요 이 세상에서 자기의 생명을 미워하는 자는 영생하도록 보전하리라
26 사람이 나를 섬기려면 나를 따르라 나 있는 곳에 나를 섬기는 자도 거기 있으리니 사람이 나를 섬기면 내 아버지께서 그를 귀히 여기시리라
27 지금 내 마음이 괴로우니 무슨 말을 하리요 아버지여 나를 구원하여 이 때를 면하게 하여 주옵소서 그러나 내가 이를 위하여 이 때에 왔나이다
28 아버지여, 아버지의 이름을 영광스럽게 하옵소서 하시니 이에 하늘에서 소리가 나서 이르되 내가 이미 영광스럽게 하였고 또다시 영광스럽게 하리라 하시니
29 곁에 서서 들은 무리는 천둥이 울었다고도 하며 또 어떤 이들은 천사가 그에게 말하였다고도 하니
30 예수께서 대답하여 이르시되 이 소리가 난 것은 나를 위한 것이 아니요 너희를 위한 것이니라
31 이제 이 세상에 대한 심판이 이르렀으니 이 세상의 임금이 쫓겨나리라
32 내가 땅에서 들리면 모든 사람을 내게로 이끌겠노라 하시니
33 이렇게 말씀하심은 자기가 어떠한 죽음으로 죽을 것을 보이심이러라

3. 생활 순교사

왜 생활 순교사로 살아야 할까요?

전문가들은 사람에게서 알고리즘으로 권력이 빠르게 이동하고 있다고 합니다. AI 알고리즘의 발전은 빛과 어둠의 양면성을 갖고 있습니다. 하늘 아래 세상은 항상 빛과 어둠이 회전하는 그림자와 같습니다. 그럼에도 어둠이 깊어지면 반드시 참 빛으로 인도하시는 하나님의 사랑을 신뢰하기에 담대함과 기쁨으로 살아갈 수 있습니다.

빛이 하나님이 보시기에 좋았더라 하나님이 빛과 어둠을 나

누사 (God separated the light from the darkness) 창 1:4

　우리 다음 세대는 인류가 한 번도 겪어 보지 못한 거대한 변화의 파도를 뚫고 살아가야 할 것입니다. 2025년 4월, 2천5백만의 핸드폰 유심 정보가 해커에 의해 해킹을 당했습니다. 이 해킹 사건이 선거 부정이나 금융 사고로 악용될 수 있다고 걱정하기도 했습니다. 수년 전 〈다보스포럼〉에서는 사람들의 생각을 해킹하여 지속가능한 안전한 세상을 만들어야 한다는 논의를 한 적도 있습니다.

　성경은 아담이 살았던 고향 집이 생수의 강이 흐르는 에덴 동산이라고 알려줍니다. 에덴 동산에서 아담과 돕는 배필 하와는 하나님의 영광과 존귀로 옷 입고 영생을 누리며 땅에서 왕 노릇을 했습니다. 그런데 이 안식처에 가만히 들어온 전문 해커에 의해 이 왕 같은 제사장 부부의 마음이 해킹을 당합니다. 이 최초의 해킹 사건으로 모든 사람이 땅의 티끌로 돌아갈 수밖에 없는 육체적 존재로 전락하게 됩니다. 뱀같이 간교한 해커는 배로 다니며 땅의 티끌을 먹고 살라는 저주를 받습니다.

　　… 더욱 저주를 받아 배로 다니고 살아있는 동안 흙을 먹을

지니라(eat dust all the days of your life) 창 3:14

결국 티끌로 돌아갈 육체의 영광에 집착하도록 사람들의 마음을 해킹하여 먹고 사는 기생충이 미혹의 영들입니다.

주님이 자신들이 해킹 당한 줄도 모르는 사람들을 살리고자 자신을 희생하여 리셋할 때가 되자 이런 말씀을 합니다.

… 인자가 영광을 얻을 때가 왔도다 요 12:23

창세전부터 아버지께서 정하신 멍에를 지고 죽는 것을 영원한 영광을 얻을 때라고 말씀하셨습니다. No Cross, No Glory! 그러나 주님이 본으로 보여주신 십자가의 길을 따라 가다 보면 불평, 근심, 두려움의 쓴 물이 솟아나게 되어 있습니다. 왜냐하면 마음의 생각이 육체를 따라 동기화되도록 해킹을 많이 당한 상태이기 때문입니다. 바울은 출애굽한 광야 교회의 성도들을 보고 교훈을 받으라고 권면합니다.

> 다 같은 신령한 음료를 마셨으니 이는 그들을 따르는 신령한 반석으로부터 마셨으매 그 반석은 곧 그리스도시라 그러나 그들의 다수를 하나님이 기뻐하지 아니하셨으니 … 고전 10:4–5

왜 어린 양의 피로 구원받은 광야 성도 다수를 하나님이 기뻐하지 않으셨을까요? 생수의 근원을 버리고 여전히 스스로의 웅덩이를 파는 육체의 정욕을 따라 살려는 불신앙 때문입니다. 예레미야는 죄와 피 흘리기까지 싸우시는 하나님의 사랑을 열방에 전하도록 제사장 나라로 택한 성도들의 죄를 이렇게 책망합니다.

> 내 백성이 두가지 악을 행하였나니 곧 그들이 생수의 근원 되는 나를 버린 것과 스스로 웅덩이를 판 것인데 그 물을 가두지 못할 터진 웅덩이들이니라 렘 2:13

그래서 주님은 땅의 티끌로 돌아갈 수밖에 없는 인생들에게 생수의 근원으로 돌아가는 길을 내고자 죽음의 쓴 잔을 기꺼이 마시는 좁은 길을 가셨던 것입니다. 또한 주의 돕는 배필이 되고자 하는 자들에게도 나의 멍에를 메고 많은 열매를 맺는 생활 순교사의 삶을 따라오라고 초대하셨습니다.

> 내가 진실로 진실로 너희에게 이르노니 한 알의 밀이 땅에 떨어져 죽지 아니하면 한 알 그대로 있고 죽으면 많은 열매를 맺느니라 요 12:24

독일 교회의 등불 본 회퍼 목사님은 이 초청에 이렇게 응답합니다. "주님께서 죄인들을 부르실 때, 날마다 자신과 함께 죽자고 부르신다." 기도의 사람 엔드류 머레이는 이렇게 답합니다. "하나님은 주와 함께 온전히 죽은 자를 온전히 사용하실 수 있다." 주님은 육신적 자아에 대해 날마다 죽는 삶만이 원수의 해킹 공격을 이길 수 있는 유일한 길이기에 그 좁은 길을 따라오라고 하셨던 것입니다.

그럼에도 날마다 죽어 많은 열매를 맺는 이 진리를 우리 자신에게 적용하려면 진통을 겪을 수밖에 없습니다. 왜냐하면 첫 사람 아담이 해킹을 당한 이후 모든 사람의 마음이 밤낮으로 원수의 해킹 공격을 받고 있기 때문입니다. 그럼에도 주의 멍에를 기꺼이 메면 성령의 와이파이가 터져 하나님의 사랑이 우리 마음에 다운로드 되기 시작합니다.

> … 우리에게 주신 성령으로 말미암아 하나님의 사랑이 우리 마음에 부은 바 됨이니 롬 5:5

자기 십자가를 지고 주를 따라가는 하나님의 소유가 된 백성들만이 경험할 수 있는 선물이 하나님 사랑의 큰 감동입니다.

사람이 큰 감동을 받거나 진리를 깨닫게 될 때 몸에서 엔돌핀보다 4,000배나 더 강한 다이돌핀이라는 호르몬이 솟아난다고 합니다. 바울도 십자가에 나타난 하나님의 사랑이 그의 마음에 다운로드 될 때 강물처럼 솟아나는 큰 감동의 힘으로 모든 어려움을 넉넉히 이길 수 있었을 것입니다. 그래서 그는 원수의 모든 해킹 공격을 이길 수 있었던 삶의 체험을 통해 우리에게 이렇게 권면했습니다.

> 내가 이르노니 너희는 성령을 따라 행하라 그리하면 육체의 욕심을 이루지 아니하리라 육체의 소욕은 성령을 거스르나니 이 둘이 서로 대적함으로 너희가 원하는 것을 하지 못하게 하려 함이니라 갈 5:16-17

땅의 티끌로 돌아갈 우리 몸을 하나님께 산 제물로 드릴 때 원수의 모든 해킹 공격을 이길 수 있는 성령의 와이파이가 우리 마음 깊은 곳에서 터져 흐르게 될 것입니다.

1
지상 명령

2
남은 자 공동체

3 VISION
9 STRATEGY

킹덤 시티

거룩한 성 새 예루살렘의
정체성으로 삽시다

4. 킹덤 패밀리
기쁨으로 순종하는 킹덤 패밀리

5. 킹덤 비즈니스
말씀의 지혜로 일하는 킹덤 비즈니스맨

6. 킹덤 제너레이션
복음으로 낳아 킹덤 제너레이션으로 양육합시다

Vision 2

킹덤 시티

킹덤 패밀리   킹덤 비즈니스   킹덤 제너레이션

예수님이 다시 오실 때, 만왕의 왕으로 다스리실 도시는 예루살렘입니다. 하늘에 있는 예루살렘과 땅에 있는 예루살렘이 결혼한 것처럼 하나가 될 때, 하나님의 왕국이 완성됩니다. 예수님의 재림을 통해 죄와 사망의 권세가 끝나고, 평화와 기쁨이 가득한 예루살렘이 세워지게 될 것입니다. 다시 오실 어린 양의 공중 혼인 잔치에 참여한 신부들이 주와 함께 세세토록 왕 노릇할 것입니다.

하나님을 경외하고 그의 말씀을 크게 기뻐하는 가정은 복을 받을 것입니다. 경건한 가정의 가족들은 하나님의 영으로 인도함을 받으며 말씀에 순종하는 믿음의 삶을 살아갑니다. 가족들이 함께 예수님을 닮은 좋은 마음 밭을 경작하며 지킴으로 풍성한 열매를 맺게 됩니다. 경건한 부모의 후손들은 하나님의 약속대로 땅에서 강하여 번성하는 복을 누리게 될 것입니다.

아버지의 뜻을 따라 죽으시고 부활하신 예수님은 아버지로부터 하늘과 땅의 권세와 모든 소유물을 상속받으셨습니다. 죽임을 당하신 어린 양 안에 모든 좋은 선물, 능력과 부와 지혜와 힘과 존귀와 영광이 숨겨져 있습니다. 목마른 사슴처럼 주님을 간절히 찾는 자들에게 하나님의 뜻을 이루시기 위해 필요한 재물을 주십니다. 그들은 하나님의 정의와 공의의 길을 따라 재물을 얻고 나누는 삶을 통해 하나님의 나라의 비전을 위해 헌신합니다.

경건한 부모들은 하나님 말씀의 성취를 위해 자녀를 낳아 양육합니다. 농부가 좋은 열매를 거두기 위해 평생 수고하듯이 자녀들에게 부지런히 하나님의 말씀을 가르칩니다. 눈물을 흘리는 평생의 수고를 요구하는 자식 농사지만 풍성한 열매를 거두는 기쁨을 맛보게 될 것입니다. 경건한 부모들이 보여준 믿음의 본을 따라 성장한 자녀들이 하나님의 기뻐하시는 뜻을 이룰 것입니다.

이사야   62장 1-9절

1 나는 시온의 의가 빛 같이, 예루살렘의 구원이 횃불 같이 나타나도록 시온을 위하여 잠잠하지 아니하며 예루살렘을 위하여 쉬지 아니할 것인즉
2 이방 나라들이 네 공의를, 뭇 왕이 다 네 영광을 볼 것이요 너는 여호와의 입으로 정하실 새 이름으로 일컬음이 될 것이며
3 너는 또 여호와의 손의 아름다운 관, 네 하나님의 손의 왕관이 될 것이라
4 다시는 너를 버림 받은 자라 부르지 아니하며 다시는 네 땅을 황무지라 부르지 아니하고 오직 너를 헵시바라 하며 네 땅을 쁄라라 하리니 이는 여호와께서 너를 기뻐하실 것이며 네 땅이 결혼한 것처럼 될 것임이라
5 마치 청년이 처녀와 결혼함 같이 네 아들들이 너를 취하겠고 신랑이 신부를 기뻐함 같이 네 하나님이 너를 기뻐하시리라
6 예루살렘이여 내가 너의 성벽 위에 파수꾼을 세우고 그들로 하여금 주야로 계속 잠잠하지 않게 하였느니라 너희 여호와로 기억하시게 하는 자들아 너희는 쉬지 말며
7 또 여호와께서 예루살렘을 세워 세상에서 찬송을 받게 하시기까지 그로 쉬지 못하시게 하라
8 여호와께서 그 오른손, 그 능력의 팔로 맹세하시되 내가 다시는 네 곡식을 네 원수들에게 양식으로 주지 아니하겠고 네가 수고하여 얻은 포도주를 이방인이 마시지 못하게 할 것인즉
9 오직 추수한 자가 그것을 먹고 나 여호와를 찬송할 것이요 거둔 자가 그것을 나의 성소 뜰에서 마시리라 하셨느니라

VISION 2. 킹덤 시티

거룩한 성 새 예루살렘의 정체성으로 삽시다

첫 사람 아담과 그의 아내 하와의 불순종으로 집에서 쫓아내실 때 아버지는 가죽옷을 지어 입혀 주십니다. 이 가죽옷은 장차 한 남편이 되실 주님이 피 흘려서 지을 신부로 초대받은 모든 성도에게 입혀 주시는 웨딩드레스입니다. 성경은 낙원에서 쫓겨난 죄인들이 하나님의 의를 옷 입고 신랑 예수님과 결혼하여 영원한 안식처에서 사는 길을 안내하는 책자입니다. 성춘향처럼 암행어사로 반드시 출도하실 신랑을 향한 사랑의 정절을 지킨 신부들에게 상속해 주실 땅은 죄와 사망이 없는 거룩한 성,

새 예루살렘입니다. 이 소망의 찬송을 다 함께 불러 볼까요?

> 나 가나안 땅 귀한 성에 들어가려고 내 무거운 짐 벗어 버렸네 죄중에 다시 방황할 일 전혀 없으니 저 생명 시냇가에 살겠네 / 그 불과 구름 기둥으로 인도하시니 나 가는 길이 형통하겠네 죄 중에 다시 방황할 일 전혀 없으니 저 생명 시냇가에 살겠네 / 내 주린 영혼 만나로써 먹여 주시니 그 양식 내게 생명 되겠네 이 후로 생명 양식 주와 함께 먹으며 저 생명 시냇가에 살겠네 (후렴) 길이 살겠네 나 길이 살겠네 저 생명 시냇가에 살겠네 길이 살겠네 나 길이 살겠네 저 생명 시냇가에 살겠네   찬송가 246장

그리스도의 신부들의 믿음의 순례 여정의 종착역 새 하늘과 새 땅 새 예루살렘을 본 요한은 이렇게 묘사합니다.

> 또 내가 보매 거룩한 성(the holy city) 새 예루살렘이 하나님께로 부터 하늘에서 내려오니 그 준비한 것이 신부가 남편을 위하여 단장한 것 같더라   계 21:2

천사는 지극히 귀한 보석으로 건축된 하늘에서 내려오는 새

예루살렘을 신부, 어린 양의 아내라고 알려줍니다. 불시험에도 변치 않는 믿음의 정절을 지킨 보석 같은 신부들이 신랑과 함께 건축한 거룩한 성, 킹덤 시티입니다. 신랑이 다시 오실 때를 기다리는 성도들은 티끌로 돌아갈 겉사람에 갇혀 살 동안 속사람의 신부 단장을 반드시 해야 합니다. 이것은 마치 결혼식 날짜를 잡아 놓은 신부가 신부 단장을 하는 것처럼 상식적인 일입니다.

> … 어린 양의 혼인 기약이 이르렀고 그의 아내가 자신을 준비(신부 단장) 하였으므로 그에게 빛나고 깨끗한 세마포 옷을 입도록 허락하셨으니 이 세마포 옷은 성도들의 옳은 행실이로다 계 19:7

신부로 초대받은 성도들의 어린 양의 결혼식 준비는 다이어트, 피부 마사지, 메이크업 같은 것이 아닙니다. 성도들의 옳은 행실입니다. 신랑 되신 주의 말씀에 순종하고 죄에서 떠나는 성도들의 성화된 삶을 말합니다. 어떤 고난과 유혹도 이기고 기꺼이 순종할 수 있는 힘은 자격 없는 우리 대신 신랑이 십자가에 달려 죽기까지 사랑하셨음을 머리가 아닌 마음으로 깨닫게 될 때입니다. 그리스도의 돕는 배필 바울은 십자가에 나타난 신랑의 사랑을 심장으로 깨달았기에 모든 시험을 넉넉히 이길 수 있다고 선포했습니다.

> 그러나 이 모든 일에 우리를 사랑하시는 이로 말미암아 우리가 넉넉히 이기느니라 롬 8:37

이사야서 62장은 죄로 짓밟혔던 예루살렘이 신랑이 다시 오실 때 신랑의 기쁨, 소중한 보물, 관을 쓴 왕비처럼 변화될 것을 예언합니다. 하나님의 소유된 백성, 제사장 나라의 사명을 망각하고 세상과 짝하여 살다가 노예로 끌려간 성도들은 죄로 더럽혀졌습니다. 그럼에도 십자가에 죽기까지 사랑하시고 다시 회복시키실 것을 약속합니다. 이것은 한 사람의 개인적 구원과 순종을 넘어서는 것입니다. 공동체적 구원, 즉 도시, 나라, 세상의 구원과 연결됩니다. 한 사람이 구원받아 하나님의 소유된 백성으로 사는 것은 패밀리, 시티, 네이션의 회복으로 확장됩니다. 한 사람 아브라함의 구원과 순종이 어떻게 확산, 확장, 확대되고 있는지 생각해 보세요! 유진 피터슨 목사님도 이 깨달음을 다음과 같이 표현합니다. "하나님은 단지 사람 개인을 구원하시지 않는다. 하나님은 그 개인을 통해 공동체를 회복하시며, 도시와 나라를 새롭게 하신다." 우리 개인의 구원과 순종이 패밀리, 시티, 네이션의 회복으로 확장되기를 소망합니다.

 죄로 인해 남편에게 버림 받은 것 같았던 예루살렘이 새롭게 될 것이라는 이 예언은 요한계시록 21장의 말씀처럼 온전히 성취될 것입니다. 예루살렘이 세상과 짝하는 우상숭배로 짓밟히는 치욕을 당하겠지만 신랑의 사랑으로 이스라엘이 새롭게 될 것을 약속합니다.

> 다시는 너를 버림받은 자라 부르지 아니하며 다시는 네 땅을 황무지라 부르지 아니하고 오직 너를 헵시바라 하며 네 땅을 쁄라라 하리니 이는 여호와께서 너를 기뻐하실 것이며 네 땅이 결혼한 것처럼 될 것임이라 사 62:4

 명심하세요! 주님은 신부로 초대한 우리들을 그냥 사랑하는 정도가 아닙니다. 우리와 결혼하고 싶어서 십자가에 죽기까지 사랑하신 것입니다. 우리는 약속의 성령으로 신랑과 결혼 계약서에 도장을 찍은 신부들입니다. 그래서 우리가 세상이라는 남편과 짝하여 바람이라도 나면 질투하는 사랑으로 징계하시는 것입니다. 너무도 사랑하기에 신부라는 보물을 이 세상 임금에게 빼앗기고 싶지 않기 때문입니다. 그럼에도 남편의 질투하는 사랑을 깨닫지 못해 자주 싸우고 별거도 하지요. 우리 안에 있는 육체의 정욕은 본질상 신랑 그리스도와 한 몸이 되기를 대적합니다. 성령은 우리가 육체를 따라 세상과 짝하는 삶을 살면 질투하는 것처럼 대적합니다.

　육체의 정욕에 묶인 우리 옛 자아를 신랑과 함께 날마다 십자가에 못 박아야 할 이유는 무엇일까요? 육체의 정욕이라는 틈을 노려 유혹하는 제비에게 신부를 도둑맞지 않고 지킬 수 있는 최고의 안전장치이기 때문입니다. 주님이 십자가에 못 박히기까지 나를 사랑하신다는 말씀이 피부에 잘 와 닿지가 않지요. 무덤덤, 무감각할 때가 많을 것입니다. 그러나 우리 육체의 정욕을 신랑과 함께 십자가에 못 박게 되면 상황은 달라집니다. 신랑의 사랑이 마음 깊은 곳에서 샘물처럼 솟아나 흐르기 때문입니다. 이때부터 새 포도주에 취한 것처럼 신랑의 사랑에 도취되어 좁은 길을 걸으며 밤낮 기뻐할 수 있게 되는 것입니다.

시편   112편 1-10절

1   할렐루야, 여호와를 경외하며 그의 계명을 크게 즐거워하는 자는 복이 있도다
2   그의 후손이 땅에서 강성함이여 정직한 자들의 후손에게 복이 있으리로다
3   부와 재물이 그의 집에 있음이여 그의 공의가 영구히 서 있으리로다
4   정직한 자들에게는 흑암 중에 빛이 일어나나니 그는 자비롭고 긍휼이 많으며 의로운 이로다
5   은혜를 베풀며 꾸어 주는 자는 잘 되나니 그 2)일을 정의로 행하리로다
6   그는 영원히 흔들리지 아니함이여 의인은 영원히 기억되리로다
7   그는 흉한 소문을 두려워하지 아니함이여 여호와를 의뢰하고 그의 마음을 굳게 정하였도다
8   그의 마음이 견고하여 두려워하지 아니할 것이라 그의 대적들이 받는 보응을 마침내 보리로다
9   그가 재물을 흩어 빈궁한 자들에게 주었으니 그의 의가 영구히 있고 그의 뿔이 영광 중에 들리리로다
10 악인은 이를 보고 한탄하여 이를 갈면서 소멸되나니 악인들의 욕망은 사라지리로다

4. 킹덤 패밀리

기쁨으로 순종하는 킹덤 패밀리

가정은 고달픈 세상에서 천국을 맛보도록 주신 소중한 안식처입니다. 동시에 원수가 틈타고 들어와 이간질하고 쓴 뿌리가 돋게 해서 약속하신 복을 누리지 못하게 하려는 치열한 영적 전쟁터입니다. 가정은 하나님의 첫 번째 교회이며, 가장 어려운 선교지입니다. 바울은 복음으로 낳아 말씀으로 잘 양육한 영적 자녀들을 자신의 기쁨, 면류관이라 자랑했습니다. 경건한 부모의 가장 중요한 사명은 자녀들을 말씀으로 잘 양육하는 일입니다.

시편 112편은 하늘에 계신 아버지께서 원하시는 복된 가정, 킹덤 패밀리를 세우는 지혜를 알려 주는 찬양시입니다.

첫째, 복 있는 가정은 하나님을 경외하고 그의 계명을 즐거워합니다. 하나님이 보시기에 복 있는 사람은 이런 사람이라고 합니다.

> 할렐루야! 여호와를 경외하며 그의 계명을 크게 즐거워하는 자는 복이 있도다 시 112:1

계명을 크게 즐거워한다는 말은 말씀을 보물처럼 소중하게 여기며 마음 속 깊이 원하고 기뻐한다는 의미입니다. 은퇴 후에 수도사로서 더 깊은 말씀의 샘을 파고 계시는 강문호 목사님(충주 봉쇄수도원장) 같은 분이 좋은 예가 될 것입니다. 말씀을 통해 그리스도의 사랑을 더 깊이 알아가는 것이 이 노년의 목사님에게 가장 고상한 낙입니다.

이웃 교회 임직식에서 격려사를 한 적이 있습니다. 제 순서 앞에 한 선배 장로님이 후배들에게 이런 축사를 하십니다.

"제가 40년 넘게 직분자로 교회를 섬겨왔는데 솔직히 때로는 눈물

나고 포기하고 싶은 순간도 여러 번 있었습니다. 그런데도 날마다 나를 십자가에 못 박는 심정으로 묵묵히 인내하며 교회와 성도들을 섬기면서 깨닫게 된 것이 있습니다. 만약 임직자 여러분이 교회를 섬기다가 상처받거나 포기하고 싶을 때는 팔복 중 가장 큰 복을 받기에 합당한 그릇으로 빚고 계신다고 믿고 성경대로 순종해 보십시오!

> 나로 말미암아 너희를 욕하고 박해하고 거짓으로 너희를 거슬러 모든 악한 말을 할 때에는 너희에게 복이 있나니 기뻐하고 즐거워하라 하늘에서 너희의 상이 큼이라 너희 전에 있던 선지자들도 이같이 박해하였느니라 마 5:11-12

저는 이 말씀에 온전히 순종함으로 이 큰 복의 비밀을 깨닫기까지 수십 년이 걸렸습니다. 후배 임직자 여러분은 이 못난 선배보다는 꼭 지름길로 가시기 바랍니다."

여러분! 왜 한 성도의 입에서 찬송과 저주, 단 물과 쓴 물이 함께 솟아 나올까요? 그것은 마음 깊이 박힌 치유되지 못한 상처의 쓴 뿌리 때문입니다. 이 상처의 쓴 뿌리가 생기기 가장 쉬운 곳이 가정과 교회입니다. 쓴 뿌리가 생길 때마다 죽기까지 원수 된 나를 사랑하신 주님을 생각하며 말씀의 호미로 쓴 뿌리를 뽑아냅시다. 혼자일 때는 천사라도 된 듯이 눈물을 흘리며 기쁨의 춤이라도 춰 봅시다. 말씀대로 나의 자아를 쳐서 복종시킬 때 쓴 뿌리가 뽑히고 단물이 솟는 역전의 기적을 체험하게 될 것입니다.

둘째, 말씀을 크게 즐거워하는 부모는 자손들에게 복된 유산을 물려주게 됩니다.

> 그의 후손이 땅에서 강성함이여 정직한 자들의 후손에게 복이 있으리로다 시 112:2

> 온전하게 행하는 자가 의인이라 그의 후손에게 복이 있느니라 잠 20:7

바나 리서치 그룹 조사에 의하면 미국의 경우 부부가 함께 꾸준히 신앙 생활을 할 경우 자녀가 성인이 되어서도 신앙을 지킬 확률이 75% 이상, 부모 중 한 사람만 신앙을 지킬 때는 33% 미만이라 합니다. 부모가 자녀들과 말씀으로 대화를 꾸준히 나누는 경우에는 자녀의 청소년기 신앙 이탈률이 20% 이하이고, 부모와 자녀의 정서적 유대감 78% 이상이라고 합니다. 반면에 신앙교육을 교회에만 맡긴 경우에는 청소년기 신앙 이탈률이 60% 이상이고, 부모와의 정서적 유대감도 훨씬 낮다고 합니다. 주위의 존경할 만한 믿음의 선배들의 가정을 잘 살펴보세요. 하나님이 그 후손에게 표가 나는 복을 주셨다면 그들의 경건과 노력만으로 주어진 복이 아닙니다. 하나님께 향기로운 희생과 섬김의 수고를 드린 부모의 중심을 보신 하나님이 베푸신 복입니다. 대한민국도 수많은 믿음의 조상들의 향기로운 섬김으로 지금 이런 큰 복을 누리고 있는 것입니다.

셋째, 공의를 겸한 부와 재물을 더해 주실 것이라고 약속하십니다.

> 부와 재물이 그의 집에 있음이여 그의 공의가 영구히 서 있으리로다 시 112:3

> 그가 재물을 흩어 빈궁한 자들에게 주었으니 그의 의가 영구히 있고 그의 뿔이 영광 중에 들리리로다 시 112:9

이 뿔이라는 뜻은 하나님께서 맡기시는 능력, 명예, 존귀, 왕권을 말합니다. 하나님의 자비와 공의의 마음을 품은 심부름꾼들에게 맡기시는 권세와 영광과 존귀입니다. 이들이 장차 죄와 사망이 없는 영광의 나라에서 주와 함께 왕들과 제사장들로 왕 노릇할 자들입니다.

주님이 다시 오실 때는 노아의 때, 롯의 때와 같을 것이라고 했습니다. 100년 가까운 세월을 묵묵히 순종하며 방주를 짓는 삶을 살았던 노아의 가정을 생각해 보세요. 불 심판이 임할 것을 전혀 모르고 살았던 조카 롯의 가족을 위해 간절한 기도를 드렸던 아브라함의 가정을 생각해 보세요. 가정은 하나님 나라의 첫 번째 학교입니다. 가정은 자녀들을 세상을 이기는 그리스도의 군사들로 양성하는 훈련소입니다.

잠언 8장 13-21절

13 여호와를 경외하는 것은 악을 미워하는 것이라 나는 교만과 거만과 악한 행실과 패역한 입을 미워하느니라
14 내게는 계략과 참 지식이 있으며 나는 명철이라 내게 능력이 있으므로
15 나로 말미암아 왕들이 치리하며 방백들이 공의를 세우며
16 나로 말미암아 재상과 존귀한 자 곧 모든 의로운 재판관들이 다스리느니라
17 나를 사랑하는 자들이 나의 사랑을 입으며 나를 간절히 찾는 자가 나를 만날 것이니라
18 부귀가 내게 있고 장구한 재물과 공의도 그러하니라
19 내 열매는 금이나 정금보다 나으며 내 소득은 순은보다 나으니라
20 나는 정의로운 길로 행하며 공의로운 길 가운데로 다니나니
21 이는 나를 사랑하는 자가 재물을 얻어서 그 곳간에 채우게 하려 함이니라

5. 킹덤 비즈니스

말씀의 지혜로 일하는 킹덤 비즈니스맨

    요한계시록 13장에서 18장까지 말씀은 주님이 오시기 직전 삼년반 동안 전 세계의 정치, 경제, 종교 지형도를 보여줍니다. 세계의 경제가 누구를 메시야로 경배할 것인가의 문제로 직결될 것을 알려줍니다. 또한 요한계시록 18장은 주 오시기 바로 직전 이 세상 경제 시스템이 어떻게 될 것인가를 잘 보여줍니다. 멸망의 아들, 돈궤 맡은 자를 따를 것인가? 하나님의 아들, 언약궤 맡은 자를 따를 것인가? 돈을 따라 살 것인가? 하나님의 언약을 따라 살 것인가? 먼저 섬길 자를 분명하게 결정해야 할 때입니다.

잠언은 말씀이 육체가 되신 주님을 가까이 할 때 주시는 선물인 지혜의 유익을 설명하는 책입니다. 8장은 지혜의 근본이신 주님과 친밀한 교제를 나누는 것이 비즈니스 경영에도 복이 되는 이유를 잘 설명합니다.

> 내게는 계략과 참 지식이 있으며 나는 명철이라 내게 능력이 있으므로 나로 말미암아 왕들이 치리하며 방백들이 공의를 세우며 … 잠 8:14–15

하나님은 신명기 17장에서 왕위에 오를 지도자들에게 일평생 성경을 곁에 두고 읽고 순종하라 명합니다. 여호수아는 이 명령을 충실히 지켜 백성과 가족들에게 축복의 통로가 된 대표적 지도자입니다.

> 이 율법책을 네 입에서 떠나지 말게 하며 주야로 그것을 묵상하여 그 안에 기록된 대로 다 지켜 행하라 그리하면 네 길이 평탄하게 될 것이며 네가 형통하리라 수 1:8

성경을 읽으면서 깊은 지혜의 샘물을 길어 마시다 보면 감탄하는 부분이 있습니다. 십자가에 나타난 하나님의 지혜입니다.

> 하나님의 어리석음이 사람보다 지혜롭고 하나님의 약하심
> 이 사람보다 강하니라 고전 1:25

   비즈니스는 물론이고 이 세상은 어떤 지도자, 어떤 일꾼을 원합니까? 기꺼이 십자가를 지는 사람입니다. 권모술수, 임기응변에 능한 자가 앞서 나가고 번성하는 것 같지만 결코 그렇지 않습니다. 크게 멀리 보면 결국 자기의 십자가를 기꺼이 지는 자가 승리합니다. 누구든지 말씀에 순종하여 자기의 십자가를 달게 질 때 하늘에 계신 만왕의 왕의 영광이 임재합니다. 하늘에 계신 만왕의 왕께서 천사들에게 주의 멍에를 메고 자신의 뜻을 구하는 자들이 가는 모든 길을 지켜주라 명하십니다. 악한 마귀의 군사들이 가장 두려워 떠는 존재가 자기의 십자가를 달게 지고 사는 성도들입니다. 십자가를 질 줄 아는 참 지혜자들에게 악한 마귀의 군대를 이길 수 있는 빛의 갑옷을 덧입혀 주십니다. 자기 십자가를 달게 질 때 '아! 주님이 내게 영원한 생명을 주시고자 험한 십자가를 지셨구나!'라고 알게 됩니다. 십자가에 나타난 죽음보다 강한 주의 사랑이 그 마음에 부어져 원수의 모든 참소와 시험을 넉넉히 이길 수 있게 됩니다.

   Faith and Work Movement라는 직장 선교 운동 단체의 통계에 의하면 미국 복음주의 기독교인 중 78%가 직장을 사역의 현장

으로 인식하고 있다고 합니다. 그러나 31%만이 직장에서 성경적 지혜로 살 수 있는 실제적 훈련을 받은 적이 있다고 답했습니다. 훨씬 더 많은 성도들이 비즈니스 현장에서 말씀을 실천해야 한다는 부담은 있지만 구체적 훈련을 받지 못했다고 답했습니다. 이런 실제적 필요 때문에 다양한 방식으로 킹덤 비즈니스 이론과 실전 훈련을 진행하고 있는 것입니다. 킹덤 비즈니스가 열매라면 가정과 교회가 말씀에 순종하는 하나님의 가족이 되는 것은 뿌리에 해당합니다. 가정과 교회라는 뿌리가 말씀에 순종하는 킹덤 패밀리가 될 때 킹덤 비즈니스라는 좋은 열매가 풍성히 맺히게 되는 것입니다.

하나님을 간절히 사랑하는 자에게 주신 지혜를 따라 덤으로 주시는 복이 바로 재물의 복입니다.

> 나(지혜)를 사랑하는 자들이 나의 사랑을 입으며 나를 간절히 찾는 자가 나(지혜)를 만날 것이라 잠 8:17

> 이는 나(지혜)를 사랑하는 자가 재물을 얻어서 그 곳간에 채우게 하려 함이니라 잠 8:21

2023년 「Christians in Business Report」에 따르면 성경적 지혜로

훈련된 CEO가 경영하는 기업의 직원 만족도가 일반 평균보다 15% 이상 높다고 합니다. 기업의 장기 생존율도 20% 이상 높습니다. 지혜의 근본, 주를 간절히 찾는 자에게 주겠다는 복의 약속이 21세기에도 지켜지는 것을 알 수 있습니다.

전쟁터와 같은 비즈니스 현장이야 말로 마지막 때 복음을 전파하기 위해 담대한 믿음으로 개척해야 할 높은 산지입니다. 하나님께서 택한 백성들에게 재물 얻을 능력을 주시는 이유는 믿음의 조상들에게 자기 피로 맹세하신 복음의 언약을 이루기 위함입니다.

> 네 하나님 여호와를 기억하라 그가 네게 재물 얻을 능력을 주셨음이라 이같이 하심은 네 조상들에게 맹세하신 언약을 오늘과 같이 이루려 하심이니라 신 8:18

좋은 예가 아브라함, 이삭, 야곱, 조상들에게 맹세하신 언약을 이루시려고 오랜 고난으로 연단된 요셉에게 주신 재물 얻을 능력, 지혜의 은사입니다. 오랜 불시험에도 변함없이 하나님을 가까이했던 요셉에게 선물로 주신 지혜의 탁월함을 바로 왕과 신하들도 다 인정을 했습니다. 마지막 때 일어날 일의 예표인 칠 년 큰 흉년의 때 늘 주님을 간절히 찾았던 요셉은 마귀의 간계를 이기신 주님 십자가에 나타난 하나님의 지혜를 깨닫고 자기 십자가를 달게 지고 많은 생명을 구원할 수 있었습니다. 교회를 통해 자기 십자가를 달게 질 수 있는 최고의 지혜를 선물로 받은 요셉과 같은 킹덤 비즈니스맨들이 많이 세워지기를 소망합니다.

신명기　6장 1-9절

1 이는 곧 너희의 하나님 여호와께서 너희에게 가르치라고 명하신 명령과 규례와 법도라 너희가 건너가서 차지할 땅에서 행할 것이니
2 곧 너와 네 아들과 네 손자들이 평생에 네 하나님 여호와를 경외하며 내가 너희에게 명한 그 모든 규례와 명령을 지키게 하기 위한 것이며 또 네 날을 장구하게 하기 위한 것이라
3 이스라엘아 듣고 삼가 그것을 행하라 그리하면 네가 복을 받고 네 조상들의 하나님 여호와께서 네게 허락하심 같이 젖과 꿀이 흐르는 땅에서 네가 크게 번성하리라
4 이스라엘아 들으라 우리 하나님 여호와는 오직 유일한 여호와이시니
5 너는 마음을 다하고 뜻을 다하고 힘을 다하여 네 하나님 여호와를 사랑하라
6 오늘 내가 네게 명하는 이 말씀을 너는 마음에 새기고
7 네 자녀에게 부지런히 가르치며 집에 앉았을 때에든지 길을 갈 때에든지 누워 있을 때에든지 일어날 때에든지 이 말씀을 강론할 것이며
8 너는 또 그것을 네 손목에 매어 기호를 삼으며 네 미간에 붙여 표로 삼고
9 또 네 집 문설주와 바깥 문에 기록할지니라

6. 킹덤 제너레이션

복음으로 낳아
킹덤 제너레이션으로 양육합시다

신명기 6장 4-9절은 "이스라엘아 들으라!"로 시작하는 하나님의 소유가 된 백성들의 국민교육 헌장입니다. "들으라!" 히브리 말 쉐마로 시작하기에 이 천국 국민교육 헌장을 쉐마라 부릅니다. 이스라엘을 믿음의 조상 아브라함의 혈통적 후손으로만 이해하면 쉐마는 우리와 아무 상관이 없는 말씀이 됩니다. 그러나 바울은 예수를 구세주로 믿는 모든 성도들이 하나님의 소유가 된 백성, 아브라함의 자손임을 분명하게 선언합니다.

> 너희가 그리스도의 것(소유)이면 곧 아브라함의 자손이요 약
> 속대로 유업을 이을 자(하나님의 상속자)니라 갈 3:29

쉐마는 자기 몸을 그리스도의 소유로 드린 모든 성도들에게 주신 말씀입니다.

이 쉐마는 먼저 택함 받은 유대인 가정에서 부모와 자녀들이 아침, 저녁으로 암송하는 기도문입니다. 이 기도문은 거짓의 아비에게 미혹되어 원수로 행하는 자녀들을 구원하려고 독생자를 희생하신 아버지를 사랑하라고 명합니다.

> 너는 마음을 다하고 뜻을 다하고 힘을 다하여 네 하나님 여
> 호와를 사랑하라 신 6:5

원수된 우리를 자식으로 삼고자 독생자를 희생하신 아버지의 사랑을 성령으로 깨닫게 되면 주의 계명들은 더이상 무거운 것이 아닙니다.

> 하나님을 사랑하는 것은 이것이니 우리가 그의 계명들을 지
> 키는 것이라 그의 계명들은 무거운 것이 아니로다 요일 5:3

또한 쉐마의 말씀은 부모가 먼저 말씀을 마음 판에 새기며 자녀들에게 부지런히 가르치라 명합니다. '가르치라'의 원어 '샤난'은 예리한 칼로 말씀을 마음 판에 도장처럼 새기라는 뜻입니다. 부모가 먼저 말씀을 늘 마음 판에 새겨야 일상에서 자녀에게 말씀을 가르칠 수 있는 능력을 갖출 수 있습니다. 집에 앉았을 때 다른 말은 줄이시고 자연스럽게 말씀을 나누십시오. 출퇴근, 등하교 시간에 말씀으로 자녀를 축복하십시오. 누웠을 때 일어날 때 하루의 시작과 끝에 복된 말씀을 선포하고 기도해 주십시오. 덤으로 안아주고 뽀뽀해 줘도 좋겠지요!

힘들고 피곤하다고 그리스도와 한 몸이 된 성도들이 말씀을 좋은 양식으로 날마다 챙겨 먹지 않으면 갈수록 영적으로 메말라 갈 것입니다. 일단 첫걸음을 떼는 것이 중요합니다. 가능하면 자녀들이 어릴 때, 태중에 있을 때 시작하는 것이 좋습니다. 현재 전세계에서 가장 빠르게 부흥하는 교회는 놀랍게도 이란의 지하 교회들입니다. 수천 개의 이란 지하 교회 부흥의 원동력이 부모들이 가정에서 자녀들을 말씀으로 양육하는 데 있다고 합니다. 가정은 작은 교회입니다. 부모는 가정 교회의 목회자요 선교사입니다. 자녀들에게 부지런히 말씀을 먹이고 가르치는 부모들은 이 세상에서 가장 위대한 사역자들입니다.

그러므로 부모들은 말씀을 지키는 천국 백성의 정체성으로 살아가야 합니다.

> 너는 또 그것을 네 손목에 매어 기호를 삼으며 네 미간에 붙여 표로 삼고 또 네 집 문설주와 바깥 문에 기록할지니라
>
> 신 6:8-9

정통 유대인들은 이 명령을 철저하게 지키려고 손과 이마에 쉐마를 새긴 끈과 상자를 매고 성경을 읽으며 기도합니다. 이를 테필린이라 합니다.

집 문설주와 바깥 문에도 말씀을 넣은 문패를 붙였는데 이를 경문, 메쭈자라 합니다.

"우리 가족은 하나님의 소유된 백성으로 하나님이 인을 쳤으니 사망의 신은 손대지 말고 지나가라."는 뜻의 문패입니다. 손목과 이마에 테필린을 매는 것은 행동과 생각이 늘 깨어 하나님의 말씀과 하나되는 방향으로 동기화되어야 함을 알려 주는 표시입니다. 집 문설주와 바깥 문에 메쭈자를 붙이는 것도 말씀을 지키는 것이 우리 가족의 정체성이라는 공개적 표시입니다.

요한계시록 13장에서도 거짓의 아비 마귀가 하나님 아버지의 흉내를 내는 모습이 나옵니다. 거짓의 아비 마귀의 영이 들어간 짐승이 땅에 거하는 모든 사람들의 손과 이마에 표를 받게 할 것이라 합니다. 짐승의 소유가 된 백성이라는 의미의 이 표를 받지 않으면 매매를 못하게 할 것이라 합니다. 성경대로 반드시 일어날 일입니다. 이 짐승의 표를 받지 않고 짐승의 우상에게 경배하지 않으면 어떻게 할 것이라 말씀합니까? 주님이 오시기 전 구름 속으로 끌어 올려져 공중에서 주를 영접하지 못한 채 땅에 거하는 모든 성도들은 3년 반을 창세 이후 가장 큰 환란, 즉 일곱 배 뜨거운 풀무불 시험을 이겨내야 합니다. 하나님의 표, 인침을 받는다는 것은 말씀을 지키는 하나님의 소유가 된 백성의 정체성으로 살겠다는 표시입니다. 이들이 세상을 이기는 성도입니다. 세상 나라에 속한 백성인지 천국에 속한 하나님의 백성인지, 빛의 자녀인지 어둠의 자식인지, 알곡인지 가라지인지는 세상 끝날 추수 때에 분명하게 드러나게 될 것입니다. 나 자신과 우리 자손들이 당면하게 될지도 모를 이 시험의 때 전에 처음 익은 열매로 주의 곳간에 추수되시길 축복합니다.

영적 아비 바울은 복음으로 낳은 갈라디아의 성도들의 나약한 믿음 때문에 다시 해산하는 수고를 한다고 증거했습니다.

> 나의 자녀들아 너희 속에 그리스도의 형상을 이루기까지 다시 너희를 위하여 해산하는 수고를 하노니 갈 4:19

먼저 자녀들부터 시작해서 우리에게 맡겨진 영혼들을 말씀으로 잘 양육하는 영적 부모들이 될 수 있기를 축원합니다.

1
지상 명령

3
이 땅 그루터기
남은 자 공동체

남은 자 공동체

3 VISION
9 STRATEGY

킹덤 시티

7. 트웰브 마운틴
여호와의 전의 산이 산들의 꼭대기에 굳게 설 것입니다

8. 트웰브 프리스트
신령한 제사를 드리는 거룩한 제사장

9. 트웰브 캠프
그리스도 군대의 진영 안에 있는 배설물을 버려야 합니다

남은 자 공동체

트웰브 마운틴   트웰브 프리스트   트웰브 캠프

　죽으시고 부활하신 예수님은 한 몸이 된 교회의 머리이십니다. 유다 지파의 사자이신 예수님은 다윗의 뿌리에서 자라나 큰 나무가 됩니다. 뿌리로부터 진액을 공급받아 좋은 열매를 맺지 못하는 가지들은 농부가 가지치기를 합니다. 말씀의 도끼가 이미 큰 나무의 뿌리에 놓여 있습니다. 좋은 열매를 맺지 못하는 나무가 도끼에 찍혀도 그루터기는 언제나 남아 있습니다. 하나님의 소유로 드려진 십분의 일입니다. 말씀의 도끼로 큰 나무를 벨 때 남아 있는 그루터기가 거룩한 씨, 하나님의 상속자들, 남은 자들입니다.

　산들은 신들이 깃들이는 집입니다. 하나님의 신이 깃들이는 산이 예루살렘 성전의 산입니다. 영광의 왕이 다시 오시는 끝 날에는 예루살렘 성전의 산이 온 세상의 모든 산들의 꼭대기에

굳게 설 것입니다. 정결하게 회복된 예루살렘 성전의 보좌에 앉으신 영광의 왕이 이 세상의 작은 산들 위에 앉은 모든 왕들보다 뛰어나게 될 것입니다. 예루살렘 성전 산, 시온산에 앉으신 만왕의 왕께 구원받은 모든 사람들이 경배를 드리러 갈 것입니다.

하나님의 영이 거하시는 처소를 지키기 위해 둘러 진을 치는 군대가 있습니다. 여호와의 군대, 예수 그리스도의 군사들입니다. 땅에서 성도들이 하나님의 영이 거하시는 처소인 몸과 마음을 지키기 위해 믿음의 선한 싸움을 싸울 때 천군 천사들이 둘러 진을 치고 호위합니다. 죄 많은 세상에서 거룩하게 구별된 삶을 살기 위한 영적 전쟁을 잘 감당할 때 하나님의 돕는 은혜의 능력을 따라 늘 승리할 수 있습니다.

성도는 창세전에 그리스도 예수 안에서 하나님의 상속자로 택함을 받은 족속입니다. 은혜로 택함 받은 사실을 성령으로 깨닫게 된 성도는 자기 몸을 하나님이 기뻐하시는 거룩한 산 제물로 드리게 됩니다. 하나님의 소유가 된 백성들에게 왕 같은 제사장의 권세를 주십니다. 왕 같은 제사장의 권세를 위임받은 성도들은 어두운 세상에 하나님 나라의 복음을 전하는 빛의 자녀들입니다.

이사야　6장 6-13절

6　오늘 내가 네게 명하는 이 말씀을 너는 마음에 새기고

7　네 자녀에게 부지런히 가르치며 집에 앉았을 때에든지 길을 갈 때에든지 누워 있을 때에든지 일어날 때에든지 이 말씀을 강론할 것이며

8　너는 또 그것을 네 손목에 매어 기호를 삼으며 네 미간에 붙여 표로 삼고

9　또 네 집 문설주와 바깥 문에 기록할지니라

10　네 하나님 여호와께서 네 조상 아브라함과 이삭과 야곱을 향하여 네게 주리라 맹세하신 땅으로 너를 들어가게 하시고 네가 건축하지 아니한 크고 아름다운 성읍을 얻게 하시며

11　네가 채우지 아니한 아름다운 물건이 가득한 집을 얻게 하시며 네가 파지 아니한 우물을 차지하게 하시며 네가 심지 아니한 포도원과 감람나무를 차지하게 하사 네게 배불리 먹게 하실 때에

12　너는 조심하여 너를 애굽 땅 종 되었던 집에서 인도하여 내신 여호와를 잊지 말고

13　네 하나님 여호와를 경외하며 그를 섬기며 그의 이름으로 맹세할 것이니라

VISION 3. 남은자 공동체

이 땅의 그루터기 남은 자 공동체

　하나님의 백성들이 왕이신 하나님을 버리고 자신들을 잘 살게 해 줄 이 세상 왕을 구합니다. 하늘에 계신 왕의 귀에 그들의 말이 들린대로 그리스도의 성품으로 연단되지 못한 사울이 왕으로 세워집니다. 하늘에 계신 왕을 버리고 자신들의 소원대로 사울 왕의 통치를 받았던 이스라엘이 결국 어떻게 되었던가요? 남은 그루터기와 같은 다윗과 아둘람 동굴에 찾아온 400명의 남은 자들을 통해 나라를 새롭게 하셨습니다. 일제 강점기 신사참배와 한국전쟁 시절 공산주의자의 핍박에도 새 시대를 여는 창조적 소수자들이 있었습니다. 그들은 남은 그루터기이자 거룩한 씨들이었습니다. 모든 빛들의 아버지인 하나님은 빛의 자녀들이 변질되면 아프게 징계하십니다. 그러나 징계라는 깊은 어둠의 때도 항상 은혜로 택함을 받은 남은 자들을 통해 새로운 빛의 시대를 열어 주십니다. 바울은 이 진리를 성도들 대부분이 하나님과 이 세상 우상 신을 겸하여 섬기던 엘리야의 때에 남은 자들을 예로 설명했습니다.

> 그에게 하신 대답이 무엇이냐 내가 나를 위하여 바알에게 무릎을 꿇지 아니한 사람 칠천 명을 남겨 두었다 하셨으니 그런즉 이와 같이 지금도 은혜로 택함을 받은 남은 자가 있느니라 롬 11:4-5

본문은 거룩한 한 뿌리에서 자라난 북이스라엘과 남유다가 좋은 열매를 맺지 못해 도끼에 찍힐 것을 예언합니다. 동시에 남은 그루터기들을 통해 하늘에서 정한 뜻이 땅에서도 이루어진다는 회복에 대한 예언이기도 합니다. 52년간 나라를 안정적으로 통치한 웃시야 왕은 말년에 교만해져 제사장이 아닌데도 성전에서 분향을 드리다가 징계를 받습니다. 하나님의 징계로 문둥병에 걸린 웃시야 왕은 아들에게 권력을 넘겨주고 비참한 노년을 보내다가 죽습니다. 웃시야 왕의 죽음은 남유다의 안정기가 끝나고 큰 위기가 시작된다는 신호탄입니다. 정치적, 경제적 불안정, 신앙의 변질, 패권국 북방 앗시리아의 위협 등 큰 위기가 쓰나미처럼 밀려오기 시작합니다. 이런 역사적 큰 전환기에 이사야가 택함을 받습니다.

웃시야 왕이 죽던 주전 740년부터 680년까지 약 60년간 이사야는 고난의 사역을 감당합니다. 이 사명을 감당할 수 있도록 하늘 보좌에 앉으신 만왕의 왕의 영광을 눈으로 보는 특권을 체험합니다. 천국 대사로 파송되기 전 하늘 성전의 제단 숯불로 부정한 입술과 죄악을 정결케 해주십니다. 자신의 대변인을 파견할 때 이런 말씀을 하십니다.

> 여호와께서 이르시되 가서 이 백성에게 이르기를 너희가 듣기는 들어도 깨닫지 못할 것이요 보기는 보아도 알지 못하리라 이 백성의 마음을 둔하게 하며 그들의 귀가 막히고 그들의 눈이 감기게 하라 염려하건데 그들이 눈으로 보고 귀로 듣고 마음으로 깨닫고 다시 돌아와 고침을 받을까 하노라 하시기로 사 6:9-10

들어도 깨닫지 못할 완악한 백성에게 그래도 전하라는 하늘 왕의 명령입니다.

이 말씀대로 이사야가 아무리 간절하게 말씀을 전해도 욕심으로 눈 멀고 귀 먹은 하나님의 백성들은 듣지 않았습니다. 결국 심판을 받게 됩니다. 북이스라엘은 주전 722년 앗시리아에 의해, 남유다는 주전 586년 바벨론에 의해 차례로 멸망합니다. 그럼에도 크신 궁휼로 예레미야의 예언대로 70년 후인 주전 516년에 남은 그루터기들이 돌아와 성전을 재건하고 다시 하늘의 왕께 경배드리는 기적이 일어납니다. 그러나 다시 이스라엘의 참되신 왕 예수님을 버리고 이 세상 왕을 택함으로 주후 70년 로마의 디도 장군의 도끼에 찍혀 버립니다. 그럼에도 포기할 수 없는 불타는 하나님의 열심으로 약 1,900년이 지난 1948년 열방에 흩어진 야곱의 남은 자들이 약속의 땅으로 돌아와 나라가 세워집니다. 주님이 다시 오실 마지막 추수 때가 가까워졌다는 사인입니다. 우리 또는 우리 자손의 시대에 다니엘서 9장 27절의 예언대로 예루살렘에 성전이 세워질 가능성이 크다고 봅니다. 예루살렘에 성전이 세워지면 처음에는 제사와 예물이 드려질 것입니다. 그러나 예언대로 한 이레의 반에 제사와 예물은 폐하고 멸망의 가증한 것이 그 성전에 세워질 것입니다. 창세 이래 가장 큰 환난의 때, 이 한 이레의 반에도 은혜로 보존하여 남겨진 그루터기들이 다시 오실 주님 나라의 새 시대를 여는 주인공들이 될 것입니다.

> 그중에 십분의 일이 아직 남아 있을지라도 이것도 황폐하게 될 것이나 밤나무와 상수리나무가 베임을 당하여도 그 그루터기는 남아있는 것 같이 거룩한 씨가 이 땅의 그루터기니라 사 6:13

　밤나무와 상수리나무는 튼튼한 뿌리와 끈질긴 생명력을 가진 큰 나무입니다. 구약으로 하면 북이스라엘과 남유다에 해당합니다. 신약으로 하면 유대인과 이방인 성도들을 의미합니다. 북이스라엘과 남유다가 좋은 열매를 맺지 못하자 그 중에 하나님의 소유가 된 십일조 성도들이 있음에도 도끼로 찍어 버리셨습니다. 십분의 일, 하나님의 인침을 받은 구약 성도들이 있었지만 예수 그리스도를 통해 신약의 복음 시대를 열어 열방의 이방인들을 구원하기 위한 더 큰 은혜의 경륜으로 행하신 일입니다. 참 포도나무인 주님께 가지로 접붙여진 신약 성도들도 좋은 열매를 맺지 못하면 주 오실 때 도끼에 찍혀질 수 있습니다. 아무리 심판의 도끼에 찍혀 밤나무와 상수리나무가 베임을 당해도 십자가의 사랑에 깊이 뿌리내린 그루터기와 같은 남은 자들은 주님 오실 때 새 시대를 여는 주역들이 될 것입니다. 지금 우리는 정치적, 경제적, 영적 위기와 혼돈의 시대를 맞이했습니다. 그러나 은혜로 택함을 받은 그루터기와 같은 남은 자들을 통해 주의 때에 희망의 새 시대는 열리게 될 것입니다. 우리 경건의 실력이 아닌 이 민족을 향한 하나님의 불붙는 긍휼로 그렇게 하실 것입니다. 그러나 하늘에서 뜻이 이렇게 정해졌어도 우리가 간절히 구해야 땅에서도 이루어질 것입니다. 우리 모두가 풍랑치는 밤바다 같은 혼란의 시대에 복음의 참 빛을 밝히는 등대와도 같은 남은 자 공동체로 귀하게 쓰임을 받을 수 있기를 축원합니다.

미가   4장 1-8절

1 끝날에 이르는 여호와의 전의 산이 산들의 꼭대기에 굳게 서며 작은 산들 위에 뛰어나고 민족들이 그리로 몰려갈 것이라
2 곧 많은 이방 사람들이 가며 이르기를 오라 우리가 여호와의 산에 올라가서 야곱의 하나님의 전에 이르자 그가 그의 도를 가지고 우리에게 가르치실 것이니라 우리가 그의 길로 행하리라 하리니 이는 율법이 시온에서부터 나올 것이요 여호와의 말씀이 예루살렘에서부터 나올 것임이라
3 그가 많은 민족들 사이의 일을 심판하시며 먼 곳 강한 이방 사람을 판결하시리니 무리가 그 칼을 쳐서 보습을 만들고 창을 쳐서 낫을 만들 것이며 이 나라와 저 나라가 다시는 칼을 들고 서로 치지 아니하며 다시는 전쟁을 연습하지 아니하고
4 각 사람이 자기 포도나무 아래와 자기 무화과나무 아래에 앉을 것이라 그들을 두렵게 할 자가 없으리니 이는 만군의 여호와의 입이 이같이 말씀하셨음이라
5 만민이 각각 자기의 신의 이름을 의지하여 행하되 오직 우리는 우리 하나님 여호와의 이름을 의지하여 영원히 행하리로다
6 여호와께서 말씀하시되 그 날에는 내가 저는 자를 모으며 쫓겨난 자와 내가 환난 받게 한 자를 모아
7 발을 저는 자는 남은 백성이 되게 하며 멀리 쫓겨났던 자들이 강한 나라가 되게 하고 나 여호와가 시온 산에서 이제부터 영원까지 그들을 다스리리라 하셨나니
8 너 양 떼의 망대요 딸 시온의 산이여 이전 권능 곧 딸 예루살렘의 나라가 네게로 돌아오리라

7. 트웰브 마운틴

여호와의 전의 산이
산들의 꼭대기에 굳게 설 것입니다

　미가는 왕족 출신 이사야 선지자가 활동했던 그 시기에 시골 촌놈으로 택함받아 선지자로 사역했습니다. 미가서 4장은 북방 앗시리아 제국의 위협, 북이스라엘과 남유다의 타락과 부패에도 다시 오실 메시야를 통한 하나님 나라 회복에 대한 예언입니다.
　그 예언에 대한 내용은 첫째, 여호와의 전의 산, 곧 예루살렘 성전 산으로 세상 모든 민족들이 몰려올 것이라고 합니다.

> 끝 날에 이르러는 여호와의 전의 산이 산들의 꼭대기에 굳
> 게 서며 작은 산들 위에 뛰어나고 민족들이 그리로 몰려갈
> 것이라 미 4:1

동시대에 활동한 이사야도 같은 예언을 했습니다.

> 말일에 여호와의 전의 산이 모든 산 꼭대기에 굳게 설 것이
> 요 모든 작은 산 위에 뛰어나리니 만방이 그리로 모여들 것
> 이라 사 2:2

하늘의 시온산에 계신 주님이 땅의 예루살렘 성전에 오셔서 이 세상 권세와 신들 위에 뛰어난 온 세상 왕이 되실 것을 예언합니다. 유월절 어린 양으로 피 흘리신 주님이 부활 승천한 후 오순절에 부어진 성령으로 태어난 예루살렘교회를 통해 이 예언 성취의 서막이 열립니다. 예루살렘의 남은 그루터기 120명에게 성령의 권능이 부어져 땅 끝까지 복음이 전파되게 하셨습니다. 이 천국 복음이 온 세상에 전파되어야 주님이 다시 오십니다.

이 천국 복음이 모든 민족에게 증언되기 위하여 온 세상에

전파되리니 그제야 끝이 오리라 마 24:14

복음을 전하는 자들에게는 하늘에 계신 왕이 모든 쓸 것을 채워주라고 명하셨습니다.

이와 같이 주께서도 복음 전하는 자들이 복음으로 말미암아 살리라 명하셨느니라 고전 9:14

둘째, 여호와의 전의 산이 모든 산들의 꼭대기에 굳게 서게 될 때 온 세상에 평화가 올 것입니다. 이사야는 한 아기로 나실 분이 예루살렘 다윗의 왕좌에 앉아 군림하게 될 때 이 예언이 성취될 것을 증거합니다.

이는 한 아기가 우리에게 났고 한 아들을 우리에게 주신 바 되었는데 그의 어깨에는 정사를 메었고 그의 이름은 기묘자라, 모사라, 전능하신 아버지라, 평강의 왕이라 할 것임이라. 그 정사와 평강의 더함이 무궁하며 또 다윗의 왕좌와 그의 나라에 군림하여 그 나라를 굳게 세우고 지금 이후로 영원히 정의와 공의로 그것을 보존하실 것이라 만군의 여호와의 열심이 이를 이루시리라 사 9:6-7

이사야 11장과 65장은 한 아기로 나신 분이 다시 오셔서 다윗의 왕좌에 앉아 군림하실 새 세상을 생생하게 묘사합니다. 이리가 어린 양과 함께 살며, 사자가 소처럼 짚을 먹고, 젖땐 어린 아이가 독사 굴에 손을 넣고, 백 세가 못되어 죽는 자는 저주 받은 자라 할 것이요, 하나님의 백성들의 수명이 나무의 수명과 같고, 예루살렘 성전 산에는 해함도 없겠고 상함도 없을 것이라 합니다. 이 세상 생태계와 질서가 에덴 동산 같이 새롭게 되리라는 약속입니다.

사도 요한은 주님이 오시기 직전에 온 세상의 임금으로 잠시 군림할 거짓 그리스도가 나타날 것을 예언합니다.

> 지혜 있는 뜻이 여기 있으니 그 일곱 머리는 여자가 앉은 일곱 산이요 또 일곱 왕이라 다섯은 망하였고 하나는 있고 다른 하나는 아직 이르지 아니하였으나 이르면 반드시 잠시 동안 머무르리라 계 17:9-10

일곱 산은 일곱 왕입니다. 역사 속에서 계속 성도들을 미혹, 박해했던 이 세상의 타락한 권세자들입니다. 또는 이 세상 권세자의 탐욕을 충동질하여 하나님의 뜻을 대적하게 만드는 높은 차원의 악한 영들입니다. 사도 요한 당시 다섯 산은 이미 망

했습니다. 애굽, 앗시리아, 바벨론, 페르시아, 헬라 제국의 왕들 또는 그 배후에 역사하는 악한 영들입니다. 여섯째 산은 당시 로마 제국의 왕 또는 배후에 역사하는 높은 차원의 악한 영입니다. 아직 이르지 아니한 일곱째 산은 온 세상을 칠 년 동안 다스릴 적그리스도 또는 그 배후에 역사하는 사탄의 영입니다. 이 일곱째 왕이 한 이레의 반에 예루살렘 제3성전에 멸망의 가증한 우상을 세우고 자신을 하나님으로 경배하라고 강제할 것입니다. 하나님의 계명과 예수의 증거를 지키는 자들만이 뜨거운 불시험을 이길 것입니다.

  죄의 어둠이 깊어갈 때마다 하늘의 새 예루살렘과 같이 복음의 빛을 발하는 교회가 있었습니다.

> 너희는 세상의 빛이라 산 위에 있는 동네(a city)가 숨겨지지 못할 것이요 마 5:14

  18세기 독일의 헤른후트시도 핍박을 피해 모여든 성도들이 진젠도르프 백작의 지도로 모라비안 교회를 세웁니다. 이 모라비안 교회 공동체는 100년 이상, 24시간 기도를 통해 온 세상에 복음의 빛을 전하는 산 위에 있는 도시의 비전을 실천했습니다. 21세기에는 팀 켈러 목사가 목회했던 리더머 교회가 어두워져

가는 뉴욕에서 복음의 빛을 전하는 산 위에 있는 도시의 꿈을 실천했습니다. 하늘에 계신 그리스도와 한 몸 된 우리도 이 세상의 어둠이 깊어질수록 산 위에 있는 예루살렘처럼 더 밝게 복음의 빛을 비춰야 하겠습니다.

베드로전서　　2장 1-10절

1　그러므로 모든 악독과 모든 기만과 외식과 시기와 모든 비방하는 말을 버리고
2　갓난 아기들 같이 순전하고 신령한 젖을 사모하라 이는 그로 말미암아 너희로 구원에 이르도록 자라게 하려 함이라
3　너희가 주의 인자하심을 맛보았으면 그리하라
4　사람에게는 버린 바가 되었으나 하나님께는 택하심을 입은 보배로운 산 돌이신 예수께 나아가
5　너희도 산 돌 같이 신령한 집으로 세워지고 예수 그리스도로 말미암아 하나님이 기쁘게 받으실 신령한 제사를 드릴 거룩한 제사장이 될지니라
6　성경에 기록되었으되 보라 내가 택한 보배로운 모퉁잇돌을 시온에 두노니 그를 믿는 자는 부끄러움을 당하지 아니하리라 하였으니
7　그러므로 믿는 너희에게는 보배이나 믿지 아니하는 자에게는 건축자들이 버린 그 돌이 모퉁이의 머릿돌이 되고
8　또한 부딪치는 돌과 걸려 넘어지게 하는 바위가 되었다 하였느니라 그들이 말씀을 순종하지 아니하므로 넘어지나니 이는 그들을 이렇게 정하신 것이라
9　그러나 너희는 택하신 족속이요 왕 같은 제사장들이요 거룩한 나라요 그의 소유가 된 백성이니 이는 너희를 어두운 데서 불러 내어 그의 기이한 빛에 들어가게 하신 이의 아름다운 덕을 선포하게 하려 하심이라
10　너희가 전에는 백성이 아니더니 이제는 하나님의 백성이요 전에는 긍휼을 얻지 못하였더니 이제는 긍휼을 얻은 자니라

8. 트웰브 프리스트

신령한 제사를 드리는 거룩한 제사장

　가장 치열한 진짜 전쟁터는 사람들의 마음입니다. 사람들 마음의 집을 누가 점령하여 왕노릇 하느냐에 따라 전쟁의 판도가 달라집니다. 한 번은 교역자 회의 때 한 부목사님의 말에 다들 크게 웃은 적이 있습니다. 예배 중에 가끔 다른 부목사님 아들이 아빠한테 와서 귀에 뭐라 말하고 간답니다. 어느 날 또 와서 얘기를 하길래 너무 궁금해서 들어 보았답니다. 무슨 말을 했을까요? "아빠! 자지마!" 복음의 제사장으로 청함 받은 우리도 마음은 원이지만 육신이 약해서 때로 잠들기도 합니다. 원수의 시험은 항상 연약한 육신을 통해서 옵니다. 연약한 육신에 묶인 우리 마음과 생각을 통해 시험하는 자, 마귀가 역사하는 것입니다. 그래서 우리 마음과 생각을 육신에 꽁꽁 묶어 놓는 보이지 않는 끈을 성령의 검으로 끊을 수 있기 위해서 늘 깨어 있으라는 겁니다. 본문은 깨어 기도함으로 온전한 사랑으로 두려움을 이기고 자기 육신을 희생제물로 드려 하늘 성전 보좌에 보배 피를 뿌리신 영원한 대제사장께서 주시는 말씀입니다.

첫째, 그리스도의 제사장으로 청함 받은 자들에게 갓난 아기처럼 순전하고 신령한 젖을 사모하라고 권합니다. 복음의 제사장 바울은 고린도전서 3장에서 고린도 성도들이 파당을 지어 다투는 어린아이들 같기에 밥이 아닌 젖의 말씀으로 먹인다고 탄식했습니다. 히브리서 5장에도 같은 탄식이 나옵니다. "단단한 음식은 못먹고 젖이나 먹어야 할 자가 되었도다" 단단한 음식은 많은 연단을 받은 장성한 성도들, 그리스도의 군사, 그리스도의 제사장들이 먹는 말씀입니다. 지금은 젖을 먹어야 할 때입니까? 단단한 음식을 먹어야 할 때 입니까? 젖의 말씀을 먹으면서 어른이라고 착각하면 안됩니다.

둘째, 사람에게는 버린 바 되었으나 하나님께는 택함을 입은 보배로운 산 돌 주의 약속 위에 신령한 집을 지어야 합니다. 하나님의 손으로 말씀의 설계도대로 성도들 마음에 짓는 신령한 집을 말합니다. 히브리서 12장은 주님이 다시 오실 때 하나님께서 하늘과 땅을 진동시킬 것이라고 합니다. 주님 약속의 말씀, 만세 반석 위에 세우지 아니한 모든 집들을 다 무너뜨리기 위해서 온 세상을 흔드시는 것입니다. 그러나 하늘과 땅이 진동할 때도 무너지지 않는 마음 성전을 짓는 법은 간단합니다.

> 그러므로 누구든지 나의 이 말을 듣고 행하는 자는 그 집을
> 반석 위에 지은 지혜로운 사람 같으리니 마 7:24

말씀을 듣고 순종하는 삶을 살면 각자가 지은 마음 성전을 불로 시험할 때 보석 같은 믿음으로 잘 지은 집이라고 상 주실 것입니다.

때가 되면 다니엘서 9장 27절, 11장 31절, 12장 11절의 예언대로 예루살렘에 성전이 건축되고 세상을 멸망케 하는 가증한 우상이 설 것입니다. 이 때 많은 성도들이 예수 그리스도에 대한 믿음에서 배도할 것입니다. 마음 성전이 무너질 자들이 많을 것입니다. 주님도 마태복음 24장 15절, 마가복음 13장 14절에

서 다니엘의 이 예언들을 인용하여 하늘로부터 땅으로 오시기 3년반 전에 이 일이 일어날 것을 거듭 확인해 주셨습니다. 바울도 데살로니가후서 2장 3-4절에서 멸망의 아들이 예루살렘 성전에 앉아 자신을 하나님이라 내세울 것이라 했습니다. 요한도 요한계시록 13장에서 짐승이 땅에 거하는 모든 사람들의 오른손과 이마에 표를 받은 자만 매매할 수 있게 한 후 자신을 하나님으로 경배하라고 강제할 것을 자세히 알려줍니다.

그러나 다니엘서 2장의 꿈대로 장차 온 세상에 완성될 이 짐승 우상숭배의 체제, 큰 성 바벨론을 사람이 손대지 아니한 돌, 주님이 오셔서 심판한 후 그리스도의 나라를 세울 것입니다.

> 또 왕이 보신즉 손대지 아니한 돌이 나와서 신상의 쇠와 진흙의 발을 쳐서 부서 뜨리매 그 때에 쇠와 진흙과 놋과 은과 금이 다 부서져 여름 타작 마당의 겨 같이 되어 바람에 불려간 곳이 없었고 우상을 친 돌은 태산을 이루어 온 세계에 가득하였나이다 단 2:34-35

십자가의 피로 맹세한 약속대로 정결하게 회복된 예루살렘 성전 보좌에 주님이 만왕의 왕으로 앉아 다스리실 때 온 세상에 참 평화가 임할 것입니다.

셋째, 하나님의 소유가 된 백성으로 몸을 드려 왕 같은 제사장의 정체성을 갖고 복음의 빛을 전하는 삶을 살라고 권합니다. 요한은 만세 반석 약속의 터 위에 세워질 그리스도의 왕국에서 왕노릇할 자들이 누구인지 알려 줍니다.

> 이 첫째 부활에 참여하는 자들은 복이 있고 거룩하도다 둘째 사망이 그들을 다스리는 권세가 없고 도리어 그들이 하나님과 그리스도의 제사장이 되어 천 년 동안 그리스도와 더불어 왕 노릇하리로다 계 20:6

바울은 주의 나라에서 복음의 제사장으로 그리스도와 더불어 왕 노릇하기 위해 몸을 하나님께 산 제물로 드리라고 권합니다

> 그러므로 형제들아 내가 하나님의 모든 자비하심으로 너희를 권하노니 너희 몸을 하나님이 기뻐하시는 거룩한 산 제물로 드리라 이는 너희가 드릴 영적 예배니라 롬 12:1

우리 몸을 그리스도의 소유로 드려 하늘 성전의 보좌에 계

신 어린 양의 돕는 배필, 복음의 제사장의 정체성을 따라 사시길 축원합니다.

신명기　　23장 11-14절

11　해 질 때에 목욕하고 해 진 후에 진에 들어올 것이요
12　네 진영 밖에 변소를 마련하고 그리로 나가되
13　네 기구에 작은 삽을 더하여 밖에 나가서 대변을 볼 때에 그것으로 땅을 팔 것이요 몸을 돌려 그 배설물을 덮을지니
14　이는 네 하나님 여호와께서 너를 구원하시고 적군을 네게 넘기시려고 네 진영 중에 행하심이라 그러므로 네 진영을 거룩히 하라 그리하면 네게서 불결한 것을 보시지 않으므로 너를 떠나지 아니하시리라

9. 트웰브 캠프

그리스도 군대의 진영 안에 있는 배설물을 버려야 합니다

    이스라엘과 이란의 전쟁은 성경의 예언 안에서 바라보아야 바르게 이해할 수 있습니다. 이슬람 혁명으로 세워진 이란 헌법에는 두 사탄의 나라가 분명하게 기록되어 있습니다. 큰 사탄 미국, 작은 사탄 이스라엘입니다. 세상 끝날까지 계속될 이 전쟁의 본질은 둘째 하늘에 거하는 마귀의 세력들과의 영적 전쟁입니다. 성경은 마귀의 시험을 싸워 이긴 성도들이 천국의 상속자가 되는 영원한 해피 엔딩을 보여줍니다.

이 세상 임금, 이 세상 신으로 경배받고자 하는 마귀는 자기 왕국에 대한 심판이 다가올수록 온 세상을 큰 음녀 같이 죄로 더 더럽히고 미혹하려는 것입니다. 큰 성 바벨론의 문화는 어린 양의 아내, 거룩한 성 새 예루살렘의 문화와 대조됩니다.

성경의 하늘관에 의하면 하늘들은 셋으로 구분됩니다. 첫째 하늘을 보면 하늘 아래 새 것이 없음을 알 수 있습니다. 고대의 바벨탑, 피라미드 계층 시스템이 이름과 모습만 다를 뿐 세상 끝날까지 계속될 것입니다. 서울대 유기윤 교수팀은 미래 피라미드 산 꼭대기 제1계급은 기술 플랫폼을 장악한 0.001% 수퍼 리치들일 것으로 봅니다. 제2계급은 0.002% 인기 정치인과 연예인, 3계급은 사람의 일자리를 대체할 AI와 로봇, 4계급은 99.997%의 프레카리아트 계급이라고 예측합니다.

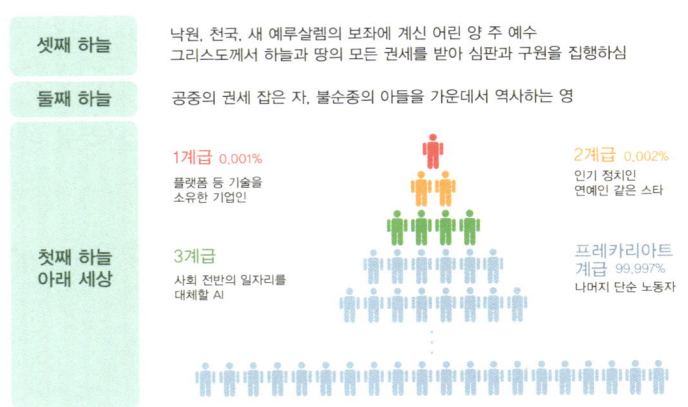

성경은 이 피라미드 산 꼭대기에 있는 자들에게 권세와 영감을 주는 하늘의 권세자가 있음을 계시합니다. 둘째 하늘과 셋째 하늘에 있는 권세자인데, 둘째 하늘에 거하는 권세자는 적그리스도의 영들, 곧 공중의 권세를 잡은 마귀의 세력들입니다. 마태복음 4장에서 주님을 시험했던 마귀가 자신을 신으로 경배하는 자에게 인기, 부, 권력을 줄 수 있는 세상 권세를 갖고 있음을 알려줍니다. 피라미드의 산 꼭대기에 있는 자들에게는 둘째 하늘에 거하는 마귀의 유혹의 바람이 더 거세게 붑니다. 안타깝게도 탐심이라는 우상숭배의 희생제물이 된 수퍼 리치, 수퍼 파워들이 역사상 많이 있어 왔습니다. 결국 그들은 마귀의 덫에 걸려 영혼육의 비참한 파멸을 맞이하고 말았지요. 이런 자들이 점점 더 많아져 온 세상에 죄의 어둠이 깊이 드리워져도 셋째 하늘의 영원한 보좌에 계시는 하나님에 의해 모든 것이 다 스러지고 있음을 굳게 믿고 기도하십시오. 불순종하는 백성들을 심판, 징계, 구원하기 위해 악한 권세자가 세워져 활개치도록 내버려 두시는 것도 셋째 하늘에 계신 하나님의 허락이 있어야만 되는 일입니다.

오늘 본문은 하나님의 군대 진영에 생기는 배설물 처리 방법입니다. 아마 군대에서 야전 훈련을 받아본 남자 분들은 단번에 어떤 장면이 떠오를 것입니다. 진영 밖에 작은 삽으로 야전 변소를 만들어 사용한 후 흙으로 덮어 처리하라고 명하십니다. 왜 셋째 하늘에 계신 총사령관께서 자신의 뜻을 위해 싸우는 하나님의 군사들 배설물까지 신경 쓰시는 것일까요?

> 이는 네 하나님 여호와께서 너를 구원하시고 적군을 네게 넘기시려고 네 진영 중에 행하심이라 그러므로 네 진영을 거룩히 하라 그리하면 네게서 불결한 것을 보시지 않으므로 너를 떠나지 아니하시니라 신 23:14

배설물을 진영 안에 두지 않도록 명하신 이유는 위생상의 이유도 있겠지만 적군들을 이길 수 있도록 하나님의 영광이 진영에 계속 머물러 있도록 하기 위해서입니다. 성도의 전쟁은 혈과 육의 전쟁이 아닌 하나님께 속한 둘째 하늘의 더러운 영들과의 영적 전쟁입니다. 성도들의 마음이 욕심으로 더럽혀지면 하나님 영광의 임재가 떠나 원수들에게 비참하게 짓밟히게 됩니다. 에베소서 6장은 성도들이 하나님의 전신갑주를 입고 성령의 검을 들고 둘째 하늘의 악한 마귀 군사들과 영적 전쟁을 싸우는 군사임을 알려줍니다. 그리스도의 군사들이 모인 교회, 하나님의 군대 안에 시기, 질투, 불평, 원망, 미움, 분노, 다툼,

음행 등의 배설물들이 가득 쌓이면 성령의 권능이 탄식하며 떠나고 맙니다. 그렇게 되면 교회는 금새 쑥대밭이 되고 맙니다. 그뿐 아니라 그 땅이 각종 죄의 배설물들로 더럽혀집니다. 재미있는 사실은 성경은 악한 영들의 대장 마귀의 별명이 바알세불이라 알려줍니다. 바알세불은 파리 떼의 대왕이라는 뜻입니다. 마귀는 부하 파리 떼에게 죄의 배설물이 가득한 사람의 마음에 들어가 집을 짓고 알을 까고 살면서 더럽혀서 멸망길로 끌고 가도록 명합니다.

그리스도의 군사로 부름 받은 우리는 둘째 하늘의 파리 떼와 싸워 이기기 위해서 항상 기도와 말씀으로 마음을 깨끗한 상태로 잘 지켜 무장해야 합니다. 바울은 예수 믿기 전의 자신의 교적, 신분적, 학문적 스펙의 온갖 자랑거리를 다 배설물로 여겼다고 고백했습니다.

> 또한 모든 것을 해로 여김은 내 주 그리스도 예수를 아는 지식이 가장 고상하기 때문이라 내가 그를 위하여 모든 것을 잃어버리고 배설물로 여김은 그리스도를 얻고 빌 3:8

인간적 자랑거리들을 다 배설물로 여겼기에 그는 영적 교만의 구덩이에 빠지지 않았습니다. 그의 마음에는 파리 떼가 꼬여들 자리가 없었습니다. 그래서 그는 가는 곳마다 그리스도의 향기, 이기는 자의 냄새를 풍길 수 있었습니다.

이 세상에는 항상 네 종류의 사람들이 살고 있습니다.

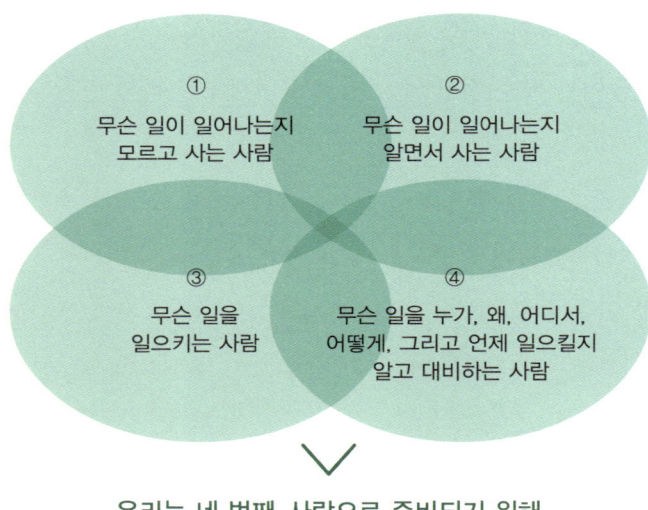

우리는 네 번째 사람으로 준비되기 위해
성경의 모든 예언들을 자세히 살펴보아야 한다

성경의 모든 예언들을 자세히 살펴 죄로 어두워져 가는 이 시대의 갈 길을 인도하는 샛별 삼기를 축복합니다.

또 우리에게는 더 확실한 예언이 있어 어두운 데를 비추는

등불과 같으니 날이 새어 샛별이 너희 마음에 떠오르기까지
너희가 이것을 주의 하는 것이 옳으니라 벧후 1:9

Epilogue : 하나님의
새 정원

출애굽기　15장 22-27절

22　모세가 홍해에서 이스라엘을 인도하매 그들이 나와서 수르 광야로 들어가서 거기서 사흘길을 걸었으나 물을 얻지 못하고
23　마라에 이르렀더니 그 곳 물이 써서 마시지 못하겠으므로 그 이름을 마라라 하였더라
24　백성이 모세에게 원망하여 이르되 우리가 무엇을 마실까 하매
25　모세가 여호와께 부르짖었더니 여호와께서 그에게 한 나무를 가리키시니 그가 물에 던지니 물이 달게 되었더라 거기서 여호와께서 그들을 위하여 법도와 율례를 정하시고 그들을 시험하실새
26　이르시되 너희가 너희 하나님 나 여호와의 말을 들어 순종하고 내가 보기에 의를 행하며 내 계명에 귀를 기울이며 내 모든 규례를 지키면 내가 애굽 사람에게 내린 모든 질병 중 하나도 너희에게 내리지 아니하리니 나는 너희를 치료하는 여호와임이라
27　그들이 엘림에 이르니 거기에 물 샘 열둘과 종려나무 일흔 그루가 있는지라 거기서 그들이 그 물 곁에 장막을 치니라

하나님의 새 정원 1

물 샘 열둘 종려나무 일흔 그루

어린 양의 피로 출애굽하여 사망의 바다를 건넌 모세가 하나님께 드린 노래의 끝에 나오는 가사입니다.

> 주께서 백성을 인도하사 주의 기업의 산에 심으시리이다 여호와여 이는 주의 처소를 삼으시려고 예비하신 것이라 주여 이것이 주의 손으로 세우신 성소로소이다 여호와께서 영원 무궁하도록 다스리시도다 출 15:17-18

모세는 하나님께서 예수 그리스도를 통해 행하실 크고 놀라운 일을 깨닫고 죄의 권세를 이긴 성도들이 마침내 거할 약속의 땅을 노래했습니다. 약 1,500년 후 사도 요한이 보았던 요한계시록 21-22장 새 예루살렘성의 비전을 노래한 것입니다. 주께서 자기 백성에게 주시겠다고 약속하신 땅은 이런 곳입니다.

　첫째, 사망이 없고 애통하는 것, 곡하는 것, 아픈 것이 없는 땅입니다. 둘째, 샘 근원이신 주님이 주시는 생명수 샘물을 값없이 마실 수 있는 땅입니다. 셋째, 변치 않는 보석으로 지어진 하나님의 영광이 영원히 빛나는 성입니다. 넷째, 땅의 왕들이 자기 영광을 가지고 들어가는 성입니다. 다섯째, 하나님과 어린 양의 보좌로부터 흐르는 생명수의 강 좌우에 심은 생명나무 열두 가지에서 달마다 열두 열매가 맺히는 땅입니다.

　그런데 주님은 양들을 생명수 샘물이 솟는 낙원이 아닌 주님만 의지할 수밖에 없는 광야로 먼저 인도하십니다. 육체의 욕망을 따라 살려는 우리를 시험하여 샘 근원이신 주님을 간절히 찾고 구하는 신령한 체질로 훈련시키기 위함입니다. 어린 양의 피로 구원받은 모세와 백성들은 홍해 바닷가에서 약속의 땅, 천국의 소망을 품고 찬양했습니다. 그러나 기쁨도 잠시, 현실은 수르 광야로 들어가 사흘 길을 걸었는데도 물을 얻지 못합니다. 그러다 겨우 물을 발견했는데 사망의 쓴 물입니다. 그래서 그 땅을 마라라 불렀습니다. 마라는 쓴 물을 맛보는 광야라는 뜻입니다. 광야 같은 인생에서 이 세상의 것만을 간절히 찾고 구하면 결국 마라의 쓴물을 마시게 될 것입니다. 천국의 단맛을 기대했는데 마라의 쓴물을 마시게 되니 조금 전까지 구원의 은혜를 노래했던 성도들이 모세를 원망합니다. 사실은 하나님께 원망한 것입니다. 은혜로 택함을 받아 어린 양의 피로 구원하신 하나님의 뜻을 깨달을 수 있는 영적 성숙이 없었기에 불평을 했던 것이죠. 모세는 믿음이 연약한 성도들의 원망을 듣고 하나님께 나아가 부르짖습니다. 기도의 응답으로 한 나무를 보여주십니다. 그 나무를 사망의 쓴물에 던지니 생명의 단물로 변화되는 기적이 일어납니다. 삼손도 동족에게 배신 당한 후 홀로 원수들과 싸우다 심히 목이 말라 하나님께 부르짖습니다. 그 부르짖음의 응답으로 주신 샘물을 마시고 기운을 차리게 됩니다. 이를 엔학고레, 부르짖는 자의 샘이라 불렀습니다. 목 말라 죽을 것 같을 때 나무에 달리기까지 우리를 사랑하신 주님께 간절히 부르짖으면 마음 깊은 곳에서 반드시 엔학고레의 샘이 터져나옵니다.

광야 인생을 살면서 받았던 모든 상처와 고통도 십자가에 달리신 주의 사랑에서 솟아나는 생명 샘물로 치유 받을 수 있습니다. 이사야도 샘 근원이신 주님을 간절히 찾고 구할 때 메마른 땅에서도 주님이 항상 인도하실 것이라는 기쁜 소식을 알려 줍니다.

> 여호와가 너를 항상 인도하며 메마른 곳에서도 네 영혼을 만족하게 하며 네 뼈를 견고하게 하리니 너는 물 댄 동산 같겠고 물이 끊어지지 아니하는 샘 같을 것이라 사 58:11

십자가의 사랑으로 사망의 쓴물이 생명의 단물로 변화된 그곳에서 하나님이 약속하십니다.

> 이르시되 너희가 너희 하나님 나 여호와의 말을 들어 순종하고 내가 보기에 의를 행하며 내 계명에 귀를 기울이며 내 모든 규례를 지키면 내가 애굽 사람에게 내린 모든 질병 중 하나도 너희에게 내리지 아니하리니 나는 너희를 치료하는 여호와임이라 출 15:26

광야로 인도하시는 하나님의 뜻을 깨닫고 항상 말씀에 순종하는 삶을 살 때 늘 성령의 샘물을 마심으로 치유를 받을 수 있습니다. 이 첫 번째 광야 믿음의 훈련을 거친 양들을 엘림의 오아시스로 인도하여 쉼을 주십니다.

> 그들이 엘림에 이르니 거기에 물샘 열둘과 종려나무 일흔 그루가 있는지라 거기서 그들이 그 물곁에 장막을 치니라
> 출 15:27

마라의 시험을 당할 때 피할 길을 내사 엘림의 쉼을 주신 후 다시 인도해가시는 방식입니다.

요한복음 4장에는 이방인과 피가 섞였다고 멸시받던 사마리아 땅에 주님이 복음의 생명수를 흘려보내는 이야기가 나옵니다. 사마리아 사람들에게서도 경멸의 대상이었던 여섯 번째 남자와 동거하는 여인을 찾아간 것입니다. 주님은 우물가에 홀로 물 길러 온 불쌍한 이 여인에게 나무에 달려 죽기까지 사랑하시는 일곱 번째 남자로서 복음을 전하십니다.

> 내가 주는 물을 마시는 자는 영원히 목마르지 아니하리니 내가 주는 물은 그 속에서 영생하도록 솟아나는 샘물이 되리라 요 4:14

주님이 전해준 영생의 복음을 듣자 메마른 마음 깊은 곳에 생명 샘물이 솟아납니다. 사마리아 성으로 가서 생명수를 흘려보내게 됩니다. 그러자 많은 사마리아 사람이 주님을 믿고 구원받는 기적이 일어납니다.

왜 많은 성도들이 영생하도록 솟는 생명수 샘물의 복음을 듣고도 다시 목마른 것일까요? 우리 안에 있는 생명수를 흘려보내지 않은 채로 더 크고 자극적인 은혜만을 계속 구하기 때문입니다. 복음의 생명수를 우리 마음의 그릇에 담은 채 흘려보내지 않기 때문에 다시 목마른 것입니다. 복음은 하나님과 사람, 사람과 사람 사이의 원수된 관계를 화목케 하는 말씀입니다. 복음을 전하는 자는 화목의 직분자입니다. 부활하신 주님이 승천하시기 직전에 제자들에게 복음이 이런 식으로 땅 끝까지 증거될 것을 말씀하셨습니다.

> 오직 성령이 너희에게 임하시면 너희가 권능을 받고 예루살렘과 온 유대와 사마리아와 땅 끝까지 이르러 내 증인이 되리라 하시니라 행 1:8

예루살렘과 온 유대를 넘어 복음의 생명수가 땅 끝까지 흘러

가려면 반드시 사마리아라는 막힌 담을 돌파해야 합니다. 땅 끝까지 복음을 전하기 원한다면 반드시 우리 안에 존재하는 사마리아라는 막힌 담을 넘어야 가능합니다. 쓴물이 올라오게 하는 사마리아 여인 같은 사람들이 있을 것입니다. 그런데 바로 그 불쌍한 사람들을 주님이 나무에 달려 죽기까지 사랑하셨음을 잊지 맙시다. 복음의 생명수를 흘려 보내지 못하게 하는 사마리아라는 막힌 담이 무너질 때 우리 안에 있는 복음의 생명수가 거침이 없이 흘러가게 될 것입니다. 복음의 생명수를 흘려 보내는 일에 충성하는 성도들에게는 광야 같은 세상에서도 물이 끊어지지 아니하는 샘물 같은 은혜를 주십니다.

요한계시록 22장 1-5절

1 또 그가 수정 같이 맑은 생명수의 강을 내게 보이니 하나님과 및 어린 양의 보좌로부터 나와서
2 길 가운데로 흐르더라 강 좌우에 생명나무가 있어 열두 가지 열매를 맺되 달마다 그 열매를 맺고 그 나무 잎사귀들은 만국을 치료하기 위하여 있더라
3 다시 저주가 없으며 하나님과 그 어린 양의 보좌가 그 가운데에 있으리니 그의 종들이 그를 섬기며
4 그의 얼굴을 볼 터이요 그의 이름도 그들의 이마에 있으리라
5 다시 밤이 없겠고 등불과 햇빛이 쓸 데 없으니 이는 주 하나님이 그들에게 비치심이라 그들이 세세토록 왕 노릇 하리로다

하나님의 새 정원 2

영원한 성전 새 에덴 동산의 회복

    은퇴하신 목사님 중에 텃밭 가꾸는 재미에 푹 빠지신 분이 이런 말씀을 합니다. "은퇴하고 나면 꼭 텃밭을 한 번 가꿔 보세요! 신앙 생활이 무엇인지, 목회가 무엇인지 온몸으로 깨닫게 될 것입니다." 말씀의 씨앗을 심은 성도의 마음은 하나님이 일하시는 텃밭이자 하나님의 영이 거하시는 집입니다. 창세기 2장은 첫 사람 아담에게 마음의 텃밭을 경작하여 지키라 명하셨습니다.

여호와 하나님이 그 사람을 이끌어 에덴 동산에 두어 그것을
경작하며(아바드) 지키게(샤마르) 하시고 　창 2:15

바울은 이 말씀의 비밀을 깨닫고 성도들의 마음이 하나님의 밭, 하나님의 집으로 지어지도록 말씀을 부지런히 가르쳤습니다.

우리는 하나님의 동역자들이요 너희는 하나님의 밭이요 하
나님의 집이니라 　고전 3:9

하나님은 예루살렘 성전 건축자들이 버린 돌, 즉 예수 그리스도를 모퉁이의 머릿돌로 삼아 성도들의 마음에 성전을 짓고 계십니다.

안타깝게도 이 시대는 다시 사람의 손으로 예루살렘에 성전을 짓기 위한 무대가 빠르게 준비되고 있습니다. 그러나 성경이 밝히 예언한 대로 사람의 손으로 지어질 이 집은 결국 멸망의 가증한 것이 경배를 받는 강도의 소굴이 될 것입니다. 오실 예수 그리스도를 통해 하나님이 친히 성도들 마음에 지으실 성전의 신비를 시편은 이렇게 찬양합니다.

건축자가 버린 돌이 집 모퉁이의 머릿돌이 되었나니 이는 여호

와께서 행하신 것이요 우리 눈에 기이한 바로다 시 118:22-23

　가장 좋은 마음 밭은 하나님을 죽기까지 사랑하신 예수 그리스도의 마음입니다. 하나님의 영광이 영원히 거하시는 성전은 어린 양으로 피흘리신 예수 그리스도의 마음입니다. 믿음이 성장한다는 의미는 예수 그리스도의 마음 밭, 마음의 집으로 닮아 가는 것입니다.

　요한계시록 22장 1-5절은 우리 믿음의 결론이 영원한 행복임을 눈으로 보여주는 말씀입니다. 지금은 하늘에서 예비되고 있기에 천국의 낙원이라 합니다. 이 천국은 또한 우리 마음에 경작하여 지켜져야 할 새 에덴 동산이기도 합니다. 선지자적 사역을 했던 토저 목사님은 이렇게 설명했습니다.

"에덴의 낙원에서 쫓겨났던 사람은 다시 새 에덴, 하나님의 안식처로 돌아가야 한다. 그 안식처는 우리 마음의 정원이요, 성전이다. 그곳에서 우리들은 장차 사랑하는 하나님의 얼굴을 영원토록 대면하게 될 것이다."

　이제 죄와 사망의 권세 잡은 자를 이긴 성도들이 영원히 거하게 될 새 에덴 동산에 대해 살펴봅시다.

첫째, 새 에덴 동산은 생명수의 강이 어린 양 성전의 지성소 은혜의 보좌로부터 흘러 나오는 곳입니다.

> 또 그가 수정같이 맑은 생명수의 강을 내게 보이니 하나님과
> 및 어린 양의 보좌로부터 나와서 길 가운데로 흐르더라 …
> 계 22:1-2

이 수정같이 맑은 생명수의 강은 예수 그리스도를 닮은 좋은 마음 밭으로 기경된 성도들 마음 성전에도 흐르는 성령의 강입니다.

> 나를 믿는 자는 성경에 이름과 같이 그 배에서 생수의 강이
> 흘러나오리라 하시니 이는 그를 믿는 자들이 받을 성령을 가
> 리켜 말씀하신 것이라 … 요 7:38-39

하늘에 계시는 하나님의 만 가지 은혜와 복이 이 성령의 강을 통해 우리의 마음 밭, 마음의 집에 배달됩니다. 성령의 강이 흐르는 예수 그리스도의 마음을 닮은 좋은 마음 밭에 뿌려진 말씀의 씨앗은 30배, 60배, 100배의 풍성한 결실을 맺습니다.

둘째, 새 에덴 동산에는 생명수의 강 좌우에 영생을 주는 열

매와 만국을 치유하는 잎사귀가 있는 생명나무가 있습니다.

> 길 가운데로 흐르더라 강 좌우에 생명나무가 있어 열두 가
> 지 열매를 맺되 달마다 그 열매를 맺고 그 나무 잎사귀들은
> 만국을 치료하기 위하여 있더라 계 22:2

이 치료는 병들거나 죽어가는 것을 고치는 의미라기보다 생명을 더 충만하고 온전하게 누리게 하는 의미의 치료입니다. 예수 그리스도의 피 흘리신 터 위에 세워진 새 에덴 동산은 이전 것의 원상 복구를 넘어 하나님의 영광과 생명이 풍성한 열매를 맺으며 만국 가운데 충만하게 공급되는 새 창조(New Creation)의 중심입니다. 죄와 사망이 없는 새 예루살렘 성전의 보좌로부터 흐르는 성령의 강과 풍성한 열매를 맺는 나무를 주님이 오셔서 땅의 예루살렘에 세우실 천년왕국 성전에서 예고편으로 보여 주셨습니다.

> 강 좌우 가에는 각종 먹을 과실나무가 자라서 그 잎이 시들
> 지 아니하며 열매가 끊이지 아니하고 달마다 새 열매를 맺
> 으리니 그 물이 성소를 통하여 나옴이라 그 열매는 먹을 만
> 하고 그 잎사귀는 약 재료가 되리라 겔 47:12

에스겔이 바벨론 포로로 있을 때 환상으로 본 천년왕국 성전은 새 예루살렘에서 완성될 어린 양 성전, 새 에덴 동산의 맛보기입니다.

셋째, 새 에덴 동산은 어린 양의 보좌 앞에서 주의 얼굴을 보며 주의 종들이 세세토록 주와 함께 왕 노릇하는 영원한 안식처입니다. 창세기 3장에서 첫 사람 아담은 불순종의 죄로 인해 하나님의 얼굴을 피해 숨었습니다. 원죄의 저주로 인해 생명의 근원이신 하나님과의 친밀한 교제가 사라지고 사망 권세가 모든 사람과 온 세상에 임하게 되었습니다. 그러나 이 원죄의 저주가 새 에덴 동산에서는 사라지고 새 창조로 완전히 회복이 됩니다. 이때 보좌 앞에서 예수 그리스도의 얼굴을 대면하는 종들이 있는데 그 이마에 어린 양의 이름이 있다고 합니다. 죄와 싸워 이긴 성도들, 하나님의 소유가 된 백성, 왕 같은 제사장으로 주와 함께 세세토록 왕노릇하는 상속자들이 될 것을 약속하는 말씀입니다. 바울은 주후 44년경 셋째 하늘에서 예비되고 있는 낙원, 이 새 에덴 동산을 그의 영혼이 성령으로 들림 받아 미리 보고 듣는 신비를 체험했습니다. 그래서 눈으로 본대로 약속을 반드시 이루실 하나님을 신뢰하며 세세토록 왕노릇할 상속자가 되기 위해 현재의 고난을 믿음으로 이기라고 담대히 권했습니다.

자녀이면 또한 상속자 곧 하나님의 상속자요 그리스도와 함께 한 상속자니 우리가 그와 함께 영광을 받기 위하여 고난도 함께 받아야 할 것이니라 생각하건대 현재의 고난은 장차 우리에게 나타날 영광과 비교할 수 없도다 롬 8:17-18

우리의 흔들리지 않는 복된 소망은 새 에덴 동산의 안식처에서 사랑하는 주의 얼굴을 보면서 세세토록 주와 함께 왕노릇하며 사는 것입니다. 죄로 인한 시험과 문제가 끊임없이 생겨나는 이 세상을 우리 믿음의 경주의 종착점인 하늘 보좌에 계신 주의 얼굴을 믿음의 눈으로 바라보며 늘 찬송하며 달려 갑시다.

하나님의 정원

2025년 8월 15일 초판 발행

지 은 이	박진석
펴 낸 이	김수홍
편 집	김설향, 박상엽
디 자 인	정은서
펴 낸 곳	도서출판 하영인
등 록	제504-2023-000008호
주 소	경상북도 포항시 북구 대신로 33 6층 601호(대신동)
전 화	(054) 270-1018
블 로 그	https://blog.naver.com/navhayoungin
이 메 일	hayoungin814@gmail.com
인스타그램	https://www.instagram.com/hayoungin7

ISBN 979-11-92254-27-2

값 12,000원

※ 낙장·파본은 교환해 드립니다.

도서출판 하영인은 (주)투웰브마운틴즈 산하 출판 브랜드입니다.
저작권법에 의해 보호받는 저작물이므로 무단 전재 및 복제를 금합니다.